MUSIKER
MACHER
MACHOS
MAFIOSI

Vom Amateurmusiker in die Kölner Studio-Szene
der 60er bis 90er Jahre

2010 1. Auflage
Herstellung und Verlag: Books on Demand GmbH Norderstedt
Alle Rechte vorbehalten
Nachdruck, auch auszugsweise, bedarf der Genehmigung des Verlages

Umschlag und Buchgestaltung: Ute Schallmaier

ISBN 978-3-8391-7591-0

„Die wenigen, die nicht so sind wie die meisten,
die müssten die meisten sein".

Frei nach H. D. Hüsch

Inhalt

Die jungen Kollegen der Kölner Musik-Szene haben mich immer wieder gefragt, wie das damals war in den 60er-70er-80er-90er Jahren, als das Studiogeschäft boomte und in Köln Produktionen mit internationalen Stars sowohl im Schlagerbereich als auch im Jazz gemacht wurden. Der Bogen spannte sich von Karnevals-Produktionen über Heino und Carpendale bis hin zur Clarke-Boland Bigband, Peter Herbolzheimer und dem Orchester Kurt Edelhagen.

Ohne Ausbildungsmöglichkeit, als Autodidakt aus der nordfriesischen Provinz kommend war es ein langjähriger, kurvenreicher und teilweise holpriger Weg durch Tanz-Cafes, Bars, Kneipen, bordellähnliche Betriebe, Hotels und amerikanische Soldaten-Clubs, in dessen Verlauf ich mich vom Amateurmusiker langsam zum Profi entwickeln konnte. Diese Phase des permanenten Umherreisens endete letztlich in Köln, wo ich als Gitarrist und Chor-Sänger allmählich in die Studio-Szene integriert wurde und mit internationalen Stars und allem, was die deutsche Schlager-Szene aufzubieten hatte, Aufnahmen machen und in Fernseh-Shows mitwirken konnte. Außerdem spielte ich am WDR 2 Jahre bei Harald Banter, 10 Jahre im Orchester Kurt Edelhagen und bis heute 27 Jahre im Orchester von Paul Kuhn.

Den Weg, die vielen Stationen bis hierhin und wie es dazu kam, versuche ich in Erlebnissen, Episoden und kleinen Anekdoten zu schildern.

30er/40er Jahre: Das Trommelfieber.

Stadtcafé

Es begann mit der Cafehaus-Musik.

Im nordfriesischen Husum stand einst das „Stadt-Cafe", welches als Konzert-Café, in dem täglich ein Trio bzw. Quartett spielte, auch überregional als erste Adresse galt. Hier traf man sich in den 20er und 30er Jahren nachmittags zum Kaffee und dem besten Kuchen Husums aus eigener Konditorei bei gepflegter Unterhaltungsmusik.

Am Eingang befand sich eine große, goldgerahmte Anzeigentafel, auf deren schwarzem Grund in goldener Schrift geschrieben stand: „Täglich Künstlerkonzerte". Na, wenn das nichts war! Es kam hier zu manchem Rendezvous, und neue Beziehungen, auch geschäftliche, wurden geknüpft.

Die Besetzung der Kapellen bestand meist aus Piano (Bechstein- Flügel), Stehgeige, Cello und gelegentlich Kontrabass, wobei der Cellist abends zum Tanz auch Schlagzeug spielte, welches aus einer großen Trommel, auf der ein Marschbecken befestigt war, und einer kleinen Konzerttrommel bestand.

Der Geiger betätigte zur rhythmischen Unterstützung - z.B. bei Foxtrotts- eine so genannte Charleston-Maschine, die er auf Eins und Drei trat. Es war so eine Art Hi-Hat, man müsste sie eigentlich Lo-Hat nennen, da das Gerät nur etwa 20 cm hoch war, so dass der Fuß gerade so zwischen Becken und Pedal passte.

Manche Cafehaus-Geiger kauften sich als Nebeninstrument ein Altsaxofon und spielten es abends zum Tanz mit starkem Musette-Vibrato. Es klang meist jämmerlich, für viele Ohren wiederum herzergreifend schön. Wenn einer der Musiker mit gesanglichen Qualitäten aufwarten konnte, geschah dies mit Hilfe eines Megaphons. Mikrofonanlagen waren, zumindest in diesen Jahren in der tiefen Provinz, quasi unbekannt.

Die ersten Eindrücke

In den frühen 30er Jahren wurde ich in Husum geboren und verbrachte meine Kindheit im Hause des Stadt-Cafes, welches meine Großeltern mütterlicherseits erworben und zu einem florierenden Unternehmen aufgebaut hatten. Tagsüber fand man mich häufig in der Backstube der Konditorei, wo ich vom Opa so manchen Leckerbissen erhielt, wobei die Sahne- oder Butterkrem-Reste aus den Spritztüten, mit denen die Torten garniert wurden, besonders begehrt waren. Die aus kräftigem Leinen bestehenden Spritztüten wurden nach Gebrauch heiß gewaschen und zum Trocknen an einer Schnur aufgehängt, die mein Großvater in der stets warmen Backstube installiert hatte.

Laut Aussage meiner Großmutter hingen dort in früheren Zeiten zuweilen auch Spritztüten völlig anderer Art, die man hierzulande Pariser oder in der Schweiz Verhüterli nannte. Diese in vielerlei Hinsicht nützlichen Produkte sind heutzutage bekanntermaßen als Kondome im Umlauf.

Opa war ein sparsamer Mann, der diese der Familienplanung dienenden Hilfsmittel nach erfolgter Liebesmüh vorsichtig in warmem Wasser reinigte, nach der Trocknung mit dem feinsten Weizenmehl bestrich und wieder penibel zusammenrollte. Die Betriebssicherheit, man könnte es in diesem Fall auch Verkehrstüchtigkeit nennen, muss gewiss unter der knauserigen Sparmaßnahme gelitten haben, denn meine damals junge Großmutter wurde wieder schwanger und brachte ihr zweites Kind zur Welt. Es war meine Mutter.

Nachmittags fand man mich häufig im Cafe, wo ich interessiert das musikalische Treiben der Kapelle verfolgte, mit Operettenmelodien und gelegentlich einem Tango, bei dem der Cellist Cello spielend gleichzeitig die große Trommel trat.

Tagsüber, wenn kein Musiker in der Nähe war, schlich ich mich als Fünfjähriger auf das Podium und drückte mit der Hand zaghaft auf die Fußmaschine der großen Trommel, wobei ich die mechanischen Zusammenhänge dieses Gerätes kennen lernte, was mir viele Jahre später noch nützlich sein sollte.

Einflüsse und Wahrnehmung

Nachmittags zum Tanztee stellte ich mich gelegentlich vor die Kapelle und dirigierte zur allgemeinen Erheiterung des Publikums. Da im Cafe auch Zeitungen aushingen, die durch blaue Klemm-Holzleisten mit Griff gebündelt waren, funktionierte ich eines dieser Zeitungsmonster zu einer Fahne um und marschierte damit zur Musik im Cafe umher.

Man sieht: Der Einfluss des Militärs und des Naziregimes mit seinen Paraden und Aufmärschen hatte seine Wirkung nicht verfehlt.

1938 Schulanfang

Und immer wieder diese Märsche!

Etwa sechs bis sieben Jahre später musste ich dem Jungvolk beitreten, was ich gerne tat, denn schließlich waren alle Freunde und Klassenkameraden auch dabei. Meine Eltern und Großeltern, deren ablehnende Haltung gegen das Naziregime bekannt war, sahen mich ungern in der Uniform mit dem khakifarbenen Hemd, offiziell Braunhemd genannt. Mein Großvater pflegte schon mal zu sagen: „Junge, zieh das Hemd aus, ich kann diese Farbe nicht leiden!" Er nannte sie einfach Kackfarbe.

Ich meldete mich beim Fanfarencorps an, schlug die Landsknechtstrommel und spielte bei Bedarf auch Fanfare. Am liebsten hätte ich die flache Marschtrommel gespielt, denn ich konnte die Locke und das lange Vorspiel perfekt, schließlich war ich anlässlich der vielen Militärparaden immer wieder neben der Kapelle mitmarschiert, um mir jede Trommelfigur zu merken.

1945-1947: Ende des Krieges

Der 8. Mai 1945 machte dem Krieg und der Nazi- Trommelei auch in Husum endlich ein Ende.

Ich empfand als 13 jähriger den Zusammenbruch des Dritten Reiches und die Besetzung durch englische Truppen nicht etwa als Schmach, sondern als Befreiung vom ständigen Fliegeralarm mit durchwachten Nächten im Luftschutzkeller. Es bedeutete für mich und meine Familie auch das Ende des bedrückenden Nazi-Regimes, welches meinen 65-jährigen als Anti-Nazi stadtbekannten Großvater zwangsweise an die Nordseeküste beordert hatte. Dort musste er, meist im Wasser stehend, zusammen mit KZ-Häftlingen am Bau des „Friesenwalls" teilnehmen. Er starb bald darauf schwer erkrankt an den Folgen.

Mit meinen bis dahin in der Schule erworbenen, dürftigen Englischkenntnissen konnte ich, wenn auch eingeschränkt, mit englischen Soldaten und Wachtposten am Hafen und vor dem Museum, welches als Verwaltungsgebäude diente, Konversation betreiben, Briefmarken tauschen und kleine Geschäfte machen. Ein größerer Deal war der Tausch einer alten Armbanduhr gegen 150 „Navy-Cut" Zigaretten, die als eine Art sichere Währung galten und gegen Lebensmittel und dergleichen eingetauscht werden konnten.

Während ich mich in den folgenden Jahren der Schule und pubertären Themen widmete, kramte ich meine Marschtrommel (auch Flachtrommel genannt) wieder heraus und trommelte leise zu allem, was das Radio an Musik zu bieten hatte. Manchmal stellte ich mir aus Kochtöpfen, Hutschachteln und Pappkartons ein Schlagzeug zusammen und trommelte darauf herum. Wenn meine Mutter, die sehr gut Klavier spielte, mal nicht die für mich eher traurig klingenden Schubert-Lieder sang, etwas aus dem Operetten-Repertoire vortrug, versuchte ich, sie dezent auf meinem Schlagzeug-Provisorium zu begleiten.

Die Gedanken um all diese Dinge lenkten natürlich von der Schule ab, was zur Folge hatte, dass in meinem Zeugnis die kommende Versetzung infrage gestellt wurde, etwa so: „Hans-Heinrich Wohlert muss einen festeren Willen zeigen, da seine Versetzung .... usw.

Dieser Hans-Heinrich war natürlich ich, und die Sache mit der Versetzung hat zum Glück dann doch noch geklappt.

Übrigens: als Säugling in der Wiege liegend wurde aus dem Hans-Heinrich ein Heinerle. Etwa 5-6 Jahre später hörte man im Radio häufig den Gassenhauer „Heinerle, Heinerle hat kein Geld", weshalb ich von anderen Kindern gern gehänselt wurde, was mich natürlich sehr ärgerte. Schließlich konnte ich in der Familie und bei meinen Mitschülern doch durchsetzen, mich künftig nur noch Heiner zu nennen, während ich für die Lehrer immer Hans-Heinrich blieb.

In Geometrie stand irgendwann der Lehrsatz des Pythagoras auf dem Programm, und ich hatte in meinem Heft eine Zeichnung mit dem bekannten rechtwinkligen Dreieck, dem Quadrat über der Hypotenuse und den Quadraten über den Katheten angefertigt. Das Heft lag in der großen Pause offen auf meinem Platz, und irgend ein Spaßvogel hatte in meiner Zeichnung das Dreieck zu einem Gesicht umfunktioniert, das große Quadrat als Körper mit Armen und langen Beinen versehen und darunter geschrieben: „Tom Schlacks in Unterhosen". Ich beschimpfte nach der Pause daraufhin die feixenden Kameraden als blöde Säcke. Die aber hatten ihre große Gaudi. Danach nannten sie mich für einige Tage Tom Schlacks und weiterhin nur noch Tom. Ich gewöhnte mich schnell an meinen neuen Rufnamen und ließ ihn etwa zehn Jahre später, als ich mit eigener Band durch die Lande zog, als Künstlernamen in den Reisepass eintragen.

1948: Neue Einflüsse

Im Stadt-Cafe hörte man seit einiger Zeit statt Geigenklängen Saxofon, Trompete und Piano, wobei der Trompeter meist kombiniert spielte, d.h. er trat hinter dem Schlagzeug sitzend die Bass-Drum und akzentuierte mit der linken Hand per Besen oder Stock auf der Snare-Drum.

Die Währungsreform wurde eingeläutet, und Zirkusgastspiele, z. B. Zirkus Althoff mit zwei großen Bands (heutzutage undenkbar), mögen dazu beigetragen haben, bei mir das Interesse am Schlagzeugspielen zu intensivieren. Der Auftritt von drei attraktiven Akkordeonistinnen plus einem Schlagzeuger, der offenbar der Chef der Gruppe war, mit viel Show-Gebaren operierte und in meiner blühenden Fantasie mit mindestens einem der Mädel ein Verhältnis hatte, verstärkte bei mir den Wunsch, in diesem Genre tätig werden zu können.

1949: Mein erstes Schlagzeug Marke „Eigenbau"

Was lag nun näher, als die Anschaffung eines Schlagzeugs?
Damals bestand so ein Instrument überwiegend aus einer Marschtrommel mit Fußmaschine, einer Snare-Drum (Flachtrommel aus Militärkapelle) und einem Zisch- oder Nietenbecken. Hin und wieder sah man ein auf der Bass-Drum installiertes Tom-Tom, auch Rumbatrommel genannt, welches beidseitig mit dickem Fell bespannt bzw. genagelt war und mit seiner flachen Bauweise dem Klang eines Pappkartons sehr nahe kam. Um die Exotik dieser Kleintrommel zu unterstreichen, war sie meist mit fernöstlichen Motiven sowie Urwaldszenen bemalt.
Die Firma „Trixon" baute Ende der 40er Jahre in einer farbenreichen Palette komplette Drum-Sets, die man überwiegend in Rundfunk-Bands, Show-Orchestern und ständig beschäftigten Bands sah, für einen Amateur oder Provinztrommler aber unerschwinglich waren.

Also musste ich mich auf die zuvor geschilderte Variante beschränken und erwarb vom Saxofonisten Fiete Lemke, hauptberuflich Gasableser, eine Bass-Drum in Form einer ausgedienten Militärtrommel ohne Felle. Woher nun aber Felle bekommen? In Husum gab es nur eine winzige Musikalienhandlung mit Blockflöten und Ziehharmonikas

Doch mein Großvater väterlicherseits, der ein Auto besaß (Vorkriegsmodell „Adler-Junior"), erklärte sich bereit, mit seinem Enkel nach Schleswig zu fahren, um in dem dortigen Musikgeschäft ein Kalbfell zu kaufen. Es war übrigens auch nur ein einziges Fell vorrätig und kostete DM 30.-, viel Geld damals, wenn man bedenkt, dass ein Amateurmusiker pro Abend DM 5.- oder ein Lehrling DM 25.- im Monat verdiente. Nun, Opa Wohlert hatte ausnahmsweise einen spendablen Tag und kaufte das Kalbfell, welches ich am nächsten Tag einige Stunden in der Badewanne einweichte und mit Hilfe eines erfahrenen Schlagzeugers nass auf den Fellreifen zog. Als Resonanzfell diente ersatzweise ein doppeltes Bettlaken. Da Kalbfelle verletzungsanfällig waren, musste man sie sorgfältig behandeln, denn durch Besenarbeit auf der Snare-Drum entstanden in der porigen Oberfläche manchmal kleine Löcher, die später bei einem Schlag mit dem Trommelstock zu einem Riss führten, der dann mit einem Fellstreifen plus Uhu geklebt werden musste. Ein Schulkamerad, dessen Vater in einem Musikkorps gedient hatte, besaß

eine Flachtrommel, die in meinen Besitz überging und auf wackligem Stän-
der als Snare-Drum diente. Die Landsknechtstrommel aus Jungvolkzeiten
sägte ich in der mit viel Werkzeug inklusive Schraubstock ausgestatteten
Garage meines Großvaters derart durch, dass daraus zwei Tom-Toms entstanden, ein größeres und ein kleineres mit jeweils nur einem Fell, welches
auch gespannt werden musste, denn eine Landsknechtstrommel war zum
Spannen mit Seilen und Lederknebeln ausgestattet. Meine handwerklichen
Fähigkeiten waren, wie man sieht, stark gefordert.

Ich fuhr mit dem Bus nach Flensburg und kaufte in einem größeren Musikgeschäft aus alten Beständen Spannhaken für Marschtrommeln, die ich
auf den Spannreifen der Tom-Toms festhakte. In einem Husumer Eisen-
warengeschäft wurden Winkeleisen erworben. Diese schraubte ich an die
Tom-Tom-Kessel, wo sie mit den Spannhaken durch lange Schrauben mit
Muttern eine Verbindung herstellten. Die Tom-Toms wurden mit langen,
kräftigen Flacheisen an der Bass-Drum befestigt, konnten aber kurzfristig
abgeschraubt werden. Da unbedingt noch - die damalige Mode wollte es
so - eine so genannte Rumbatrommel her musste, entwendete ein befreundeter Akkordeonspieler vom Dachboden seiner Eltern ein Banjo, dem wir
kurzerhand den Hals abmontierten. Auf diese Weise erhielt ich eine perfekte
Rumbatrommel, die auf der Bass-Drum befestigt wurde.

Weil eine Fußmaschine in Husum und Umgebung nicht zu beschaffen
war, schraubte ich als Interimslösung aus den notwendigen Teilen mehrerer
Märklin-Baukästen, die als Spielzeug endgültig ausgedient hatten, ein derartiges Gerät zusammen. Natürlich fehlte noch ein Becken. Ich fuhr mit dem
Fahrrad von Husum 30 km nach Schleswig und erstand für DM 11.- ein
so genanntes Zischbecken, welches genau besehen aus einer 30 cm Mes-
singscheibe plus darauf gelöteter Kappe bestand, aus heutiger Sicht unvor-
stellbar primitiv, aber dennoch einmalig! Die Trommeln strich ich weiß, die
Fellreifen mit dunkelroter Ölfarbe an. Ich hatte nun endlich ein Schlagzeug,
welches ich überwiegend von meinem eigenen Taschengeld finanziert hatte. Während dieser mehrmonatigen Bastelphase hatte ich mir die „Trixon-
Drummer-Schule" von Freddy Brocksieper bestellt, die für Anfänger und
Fortgeschrittene geschrieben war. So lernte ich Viertel, Achtel, Sechzehn-

telnoten und Triolen kennen, für mich bis zu diesem Zeitpunkt unentdecktes Neuland. Dass im gleichen Jahr auch die Bundesrepublik gegründet wurde, nahm ich im Eifer des Schlagzeugbauens eher als Nebensache zur Kenntnis.

Nebeninstrument Gitarre

Mein Großvater genehmigte als Verwalter des 1948 1:10 abgewerteten Nachlasses meines früh verstorbenen Vaters den Kauf einer so genannten Plektrum-Gitarre der Marke „Hoyer", wie sie meist in Tanzbands und im Showgeschäft verwendet wurden, womit ich unter anderem meine Ambitionen als Schlagersänger unterstützen konnte. Einer Gitarrenschule entnahm ich die für mein damaliges Musikverständnis wichtigsten Akkorde, um die aktuellen Schlager einigermaßen begleiten zu können. Mein Cousin Klaus, der schon ein Grundig-Tonbandgerät besaß, machte mit mir in einem ruhigen Hinterzimmer des Cafes Aufnahmen mit Gesang und Gitarre. Er war quasi mein erster Toningenieur und ließ die Titel tagsüber im Cafe als Background laufen.

Inspiration und Faszination

Um sich musikalisch zu orientieren war man Ende der 40er Jahre und später hauptsächlich auf Radiosendungen angewiesen, denn eine 78er Schelllackplatte mit zwei kurzen Titeln kostete immerhin DM 4.-. Also hörte man im Radio die Orchester Franz Thon aus Hamburg, Werner Müller Berlin, Erwin Lehn Stuttgart, das Kölner Tanzorchester Adalbert Luczkowski und vor allem die Kurt Edelhagen-Band aus Nürnberg.Dann wurden endlich die Sender AFN und BFN entdeckt.

In einer Spätsendung hörte ich die Lionel Hampton-Band und außerdem einen Konzertausschnitt von Norman Granz` „Jazz At The Philharmonic" mit Roy Eldridge, Phlip Philips, Buddy Rich etc. Da ich bis dahin ausschließlich deutsche Tanzorchester und Combos gehört hatte, war ich wie elektrisiert, sprang auf einen Stuhl, tanzte und gestikulierte wie wild. Meine Mutter betrat das Zimmer und verfolgte teils besorgt, teils amüsiert das Treiben des Sohnes, während aus dem Radio dieses für ungeübte Ohren nie gehörte, aufregende, organisierte Chaos ertönte.

Ich jedenfalls war nachhaltig infiziert!

1950: Endlich Schluss mit der Schule

Die Schulzeit war zum Glück beendet und im Husumer „Central-Theater" lief der amerikanische Farbfilm „Die Badende Venus" mit Esther Williams. Abgesehen von der wohlgeformten Hauptdarstellerin, die man unter Palmen in einem riesigen Pool mit ihrem Wasserballett bewundern konnte, spielte der damalige Mambo-König Xavier Cugat mit seiner Band für ein Cocktail- und Champagner nippendes High-Society- Publikum. Den Höhepunkt bildete allerdings, zumindest für Musikfans, der Auftritt von Startrompeter Harry James mit seinem Orchester und dem „Trumpet-Blues", weswegen ich den Film mehrmals sah.

Bei jeder Vorstellung geschah das Gleiche: Nach den ersten Takten des „Trumpet-Blues" begann das Publikum rhythmisch mit den Füßen zu stampfen oder zu trampeln, so dass über den schwingenden Holzboden das ganze Kino dröhnte, weshalb der Besitzer herbeieilte und das Publikum laut brüllend aufforderte ruhig zu sein und zusätzlich drohte, die Vorstellung abzubrechen. Vermutlich empfand er diese kollektive Begeisterung für die noch vor fünf Jahren staatlich verpönte und verbotene Musik als kulturellen Aufruhr in seinem Lichtspieltheater. Jedenfalls geriet der „Trumpet-Blues" in Husum quasi zum „Trampel-Blues".

Auch wenn Radiosendungen als Informationsquelle sehr wichtig waren, so gastierten in Husum mit gewisser Regelmäßigkeit aus dem Rundfunk bekannte Solisten und kleinere Bands im Rahmen von Hoffmeister-Tourneen.

Um die gleiche Zeit wurde die „George Maycock-Combo" als „Erste Negerkapelle in Deutschland" angekündigt. Für mich war es das erste Live-Jazzerlebnis überhaupt, und Schlagzeuger Big Fletchit hinterließ bei mir einen besonders nachhaltigen Eindruck, denn was er auf seinem Trixon- Schlagzeug bot, war für jeden Provinztrommler eine einmalige Lehrstunde.

Die Resonanz der Maycock-Band bei den Husumer Musikern fiel erwartungsgemäß unterschiedlich aus. Die wenigen jüngeren waren begeistert, und die älteren ab 30 Jahren sprachen von artfremder Musik.

Das Dritte Reich lässt grüßen!

Toms Trio

1951: Erste Gehversuche am Schlagzeug

Nach Fertigstellung des Schlagzeugs gründete ich ein Trio mit Geige und Akkordeon. Welch eine Besetzung!

Heini, der Akkordeonspieler, war eigentlich ein guter Saxofonist, hatte sein Instrument allerdings verpfändet und das Geld in Kneipen durchgebracht. Von seinem Arbeitslosengeld und gelegentlichen 5.-oder 10.- DM Jobs konnte er das Saxofon nicht auslösen. Seine Mutter, die als Waschfrau tätig war - damals waren Waschmaschinen im Haushalt fast unbekannt - beherbergte und ernährte ihren 28-jährigen Sohn, der sehr talentiert, aber irgendwie leicht daneben war. Bei Schulveranstaltungen, Klassenfesten etc. peilte er die meist sehr jungen, etwa 10-12 Jahre alten Mädchen an und sagte uns, wie toll er diese oder jene finden würde. Für uns waren es Kinder und von Pädophilie hatten wir noch nie etwas gehört, weshalb wir alledem keine weitere Bedeutung beimaßen und einfach dachten, der Heini würde ein wenig spinnen.

Als ich wieder mal einen Job hatte und Heini deshalb aufsuchte, sagte seine Mutter: „Heini ist auf dem Dachboden". Als ich mich nach oben durchgearbeitet hatte, stand Heini dort in Mantel und Hut mit weißem Schal, schaute aus einer größeren Dachluke und spielte auf einer Geige mit furchtbar kratzendem Ton den St.-Louis-Blues. Als er meiner ansichtig wurde, sagte er mit verklärtem Gesichtsausdruck: „Weißt du, das beruhigt unheimlich die Nerven."

Da die Gigs häufig auf Dörfern in der Nähe Husums stattfanden, fuhr das Trio per Fahrrad dort hin, manchmal 5 km, aber gelegentlich auch weiter. In solchen Fällen lieh ich mir von meinem Großvater einen Anhänger, musste aber auch noch von dessen Fahrrad die Kupplung entfernen, um sie dann an das eigene Gefährt zu montieren. Dann wurde geradelt, sechs Stunden gespielt und anschließend, mit Bockwurst und Bier abgefüllt, die nächtliche Rückfahrt angetreten, häufig gegen starken Küstenwind ankämpfend mit Fahrrädern, die nur einen Gang hatten, was damals ohne Ausnahme die Norm war.

Wir spielten auch Gigs auf dem Lande, bei denen uns als Gage das Eintrittsgeld ausgezahlt wurde, Eintritt DM 1.-. Wir zählten natürlich akribisch die anwesenden Gäste und konnten ungefähr die zu erwartende Ausbeute abschätzen. Die Höchstgage erzielten wir in der Gaststätte „Finkhaus Hallig Koog", wo im Saal ca. siebzig Tanzwillige anwesend waren. Wenn man einige nicht zahlende Verwandte oder Insider ausschloss, kamen wir pro Mann auf mehr als 20.-DM.

Natürlich wurden auch Musikwünsche geäußert, die je nach Möglichkeit erfüllt wurden. An einem dieser Abende kam so ein angetrunkenes Land-Ei ans Podium und sagte: „Spielt doch mal Itzehoe", worauf ich ihm erklärte, dass Itzehoe etwa hundert Kilometer Richtung Hamburg liegt. Nach längerer Diskussion stellte sich endlich heraus, dass dieser des Englischen Unkundige „In The Mood" hören wollte. Wir konnten vor lauter Lachen kaum spielen.

Auf dem Podium stand übrigens auch ein Klavier, welches Heini bei Bedarf recht und schlecht bediente. Dass im Diskantbereich etliche Töne nicht ansprachen, störte nicht weiter, doch von einem Gig zum anderen fehlten immer mehr Töne. Wir öffneten das Klavier und entdeckten etliche Mäuse in einem Nest, von wo aus sie von rechts nach links systematisch sämtliche Hämmer und Bänder angefressen und gekappt hatten. Was danach aus der Mäusefamilie wurde, ist nicht überliefert.

Nico, Horst und Tom

Drumsolo

Heini war eines Tages nicht anzutreffen. Seine Mutter sagte, er sei in Schleswig in eine Heilanstalt eingeliefert worden. Man munkelte etwas von Annäherungsversuchen bei zehn- bis zwölfjährigen Mädchen. Etwa ein Jahr später hieß es, er sei in der Klapsmühle gestorben. Tragisches Ende eines talentierten Musikers....

Zwischenzeitlich wurde Heini durch Nico ersetzt, der neben Klavier und Akkordeon auch einige Titel Altsaxofon mit dem typischen weinerlichen Ton eines Anfängers spielte.

Die Husumer Kapellen

Auch diese Phase ging vorüber, und ich war in der Lage, durch bessere Gagen (DM 10,- pro Abend) Berufsmusiker anheuern zu können, die mehr oder weniger notgedrungen mit mir spielen mussten.

In Husum existierten einige Tanzkapellen, die hauptsächlich an Wochenenden spielten und deren Mitglieder überwiegend vom Arbeitslosengeld lebten, wenn man von einigen absieht, die sich rechtzeitig der Not gehorchend um eine sichere Existenz bemüht hatten. Einer saß in der Stadtverwaltung, ein anderer war Gas- und Stromableser, manche gaben Unterricht oder die Ehefrau hatte einen Job.

Die renommierteste Band - oder besser gesagt Kapelle - war ein Septett, welches sich schlicht „Schwarz-Weiß" nannte. Da in diesen Jahren eine einheitliche Bühnengarderobe schwer zu beschaffen war, traten diese Musiker in schwarzen Hosen mit weißem Hemd und schwarzer Krawatte auf, wodurch sie aussahen wie Kellner nach Feierabend. Alle anderen Kapellen traten relativ uneinheitlich auf, teils in Straßenkleidung: „Richard Heydrich und die Swing-Boys", die „Kolibris", die „Rhythmis" oder „Oskar Otto und die Sorgenbrecher".

Ich trug beim Spielen einen geerbten dunkelblauen Anzug und konnte so zunächst spielerische Defizite optisch ausgleichen. Privat sah man mich seit dem George Maycock-Erlebnis nur noch der Mode entsprechend mit Hochwasserhosen, Ringelsocken und exotischen Krawatten.

Die Swing-Boys: Tom, Richard, Horst, Fiete und Alex

1952: Feuertaufe bei den Berufsmusikern

Der erste Job mit verbesserter Gage war ein Schulabschlussfest. Ich konnte die „Swing-Boys" überreden, mit mir zu spielen. Die Besetzung war: Trompete, Altsaxofon, Piano und Schlagzeug. Der Abend begann damit, dass Alex, der Saxofonist, eine gute halbe Stunde zu spät erschien, weil er in Flensburg im Rahmen eines Vaterschaftsprozesses einen Gerichtstermin hatte. Medizinische Tests hatten jedoch ergeben, dass einer von zwei weiteren Kandidaten der Vater war. Der verheiratete Alex im Glück brachte mir als Trost wegen der Verspätung eine Tafel Schokolade mit.

Richard, der 54jährige Pianist und Chef, redete mich immer väterlich mit „Jungchen" an. Das Erste, was er sagte war: „Jungchen, kannschte Rhythmus halte? Sonst fliegscht de von der Bühne!" Ich gab mir redlich Mühe, und nach einigen Titeln meinte Richard an die Kollegen gewandt: „Das Jungchen ischt gut." Kurz darauf sah er mich prüfend an und sagte: „Sag mal Jungchen, haste schon mal chefickt?" Nachdem ich diese überraschende Frage bejahen konnte, erfolgte auf der Bühne ein allgemeines, breites, freudiges Grinsen, und Richard fügte hinzu: „Dann biste `n richtscher Musiker und darfst auch mit uns spielen!"

Feuertaufe bestanden und alle Voraussetzungen erfüllt! So wurde ich ohne Studium und Examen in den Adelsstand der Berufsmusikergilde gehoben. Der Schulleiter kam zur Bühne geeilt und sagte in strengem Ton: „Mit dieser Musik stimmt etwas nicht, da scheppert was!" Nach einigem Hin und Her klärte sich das Missverständnis auf: Es war der Trompetendämpfer, damals für ungeübte Ohren ein Novum.

Herr Albers wurde zwar nach Kriegsende entnazifiziert, empfand unsere harmlose Tanzmusik jedoch als Negergequäke.

Die ersten Schallplatten werden gekauft

Auf dem Dachboden meiner Großeltern entdeckte ich ein altes Grammophon mit Trichter, welches von mir zwecks besserer Klangqualität mit einem elektromagnetischen Tonkopf ausgestattet und dann mit dem Radio verbunden wurde. So entwickelte sich dieses Grammophon zu einem Plattenspieler für 78er Schellackplatten, wobei der Tonkopf so schwer war, dass man ihn besser als Plattenpflug hätte bezeichnen können.

Auf der ersten Platte, die ich kaufte, spielte der damals in Deutschland populärste Schlagzeuger Freddy Brocksieper mit seinem All-Star-Quintett und dem jungen Paul Kuhn am Piano, was ich erst 35 Jahre später von ihm selbst erfahren sollte, da auf dem Label keine Besetzung angegeben war.

Es folgten natürlich weitere Jazz-Platten mit Louis Armstrong, Lionel Hampton etc., die zur Erweiterung des musikalischen Horizonts beitrugen.

Die „Swing-Boys" traten immer häufiger als Quartett auf, wobei ich zeitweilig auch Gitarre und Horst kombiniert Trompete und Schlagzeug spielte. Richard brachte dem „Jungchen" als Übungsmaterial einen Stapel Gitarrenstimmen von Salonorchester-Ausgaben mit, und ich konnte nur staunen, was da alles an Akkordsymbolen, die mir zu einem großen Teil nicht geläufig waren, bewältigt werden musste. Auch was den Ablauf eines Titels betraf, so erklärte mir Richard, was eine Wiederholung, ein Segno und eine Coda ist. Im Stadt-Cafe stieg ich öfter nur zum Spaß ein, schließlich wohnte ich im Hause und konnte kommen und gehen, wann ich wollte. Bei einer Diskussion bezüglich Repertoire-Erweiterung meinte Richard:" Gindersch, (Kinder), mer brauchen ´ne richtische schräche Nummer." Ich sagte spontan: „In The Mood". „ Ne, Jungchen, die ist zu schräch!". Damit wurde dieses Thema auf unbestimmte Zeit vertagt.

Prüfungskommission und „Artfremde Musik"

Es kam hin und wieder vor, dass Amateurmusiker bzw. Halbprofis vor eine Prüfungskommission zitiert wurden, wo Notenkenntnisse geprüft und Geburtsdaten klassischer Komponisten abgefragt wurden, wobei kaum einer diese Kriterien erfüllen konnte. Initiator dieser Maßnahmen war ein Musiker der „Kolibris", der als Jurist in der Reichsmusikkammer tätig gewesen war und auf diese Weise jegliche unliebsame Konkurrenz unterbinden wollte. Welch ein Schwachsinn! Mir blieb jedenfalls eine derartige Prüfung erspart, da ich unter dem Protektorat von Richard Heydrich und den Swing- Boys stand, bei denen ich, wie bereits erwähnt, mein Kurzexamen erfolgreich bestanden hatte.

Übrigens waren in der Reichsmusikkammer in den 30er- 40er Jahren Mitarbeiter tätig, die tagsüber, wenn keine Musiker anwesend waren, in Tanzlokalen und Cafes erschienen, um auf dem Podium das Repertoire nach „artfremder" Musik zu durchsuchen und bei Erfolg die Noten beschlagnahmten. Die Musiker aber griffen zu einer List und versahen die internationalen Nummern mit deutschen Titeln. So wurde aus dem „Tiger Rag" ein „Schwarzer Panther", aus „ Dinah" eine „Dora" oder „Blue Skies" einfach zu „Blauer Himmel". Manche Musiker machten sich einen Spaß aus der Sache, und aus dem „St. Louis Blues" wurde z.B. der Titel „Blusen aus Sankt Ludwig".

Alex und Horst

Alex bekam eines Tages von seiner Frau einen dunklen Anzug geschenkt und wirkte damit recht elegant, schließlich stand er mit dem Saxofon wie ein Stehgeiger vor seinen Kollegen. Eines Abends kam er leicht abgehetzt und ein wenig verspätet aufs Podium geeilt. Die Knie seines neuen Anzugs waren grünlich gefärbt, was er offenbar noch nicht bemerkt hatte. Als wir ihn darauf ansprachen, meinte er, er hätte im Wald mit einer Dame ein Love- Date gehabt. Seiner Frau hatte er später erklärt, er sei auf dem nächtlichen Heimweg auf einer bemoosten Grünfläche gestolpert und auf beide Knie gefallen. Na, ja.

Trompeter Horst hatte in dieser Zeit ein ähnliches, aber folgenreicheres Erlebnis. Er war nach Feierabend mit einer Lady in den Schlosspark gegangen, wo es auf einer Bank, unter der sich eine Kiesschicht befand, zu einer intensiven zwischenmenschlichen Aktion kam, Horst dabei das Gleichgewicht verlor, abrutschte und mit seiner Erektion im Kiesbett landete, wobei er sich nicht zu übersehende Verletzungen zuzog. Er war daraufhin längerfristig zur Enthaltsamkeit verdammt und sowohl innerhalb als auch außerhalb der Ehe zu keinem Einsatz fähig. Seiner Frau hatte er erklärt, er hätte viel Bier getrunken, sei mit Tom auf dem Heimweg durch den Park gegangen und, einem plötzlichen Harndrang folgend, pinkelnd gegen einen Baum gelaufen. Diese Erklärung gegenüber der Ehefrau war vom Inhalt her mindestens so fadenscheinig wie die von Alex. Mir, als ledigem Band-Jüngling, blieben glücklicherweise derartige Rechtfertigungen erspart.

Nach einer Tanzveranstaltung, auf der wir gespielt hatten, war ich mit einem etwas reiferen Mädchen ziemlich schnell verschwunden und hatte es mir, in Ermangelung einer sturmfreien Bude, außerdem war Winter, mit meiner Eroberung im warmen Treppenhaus des Stadt-Cafes, Parterre mit Fenster zur Strasse, bequem gemacht. Richard, der von diesem Liebesnest wusste und auf dem Heimweg hier vorbei kam, stand plötzlich mit seiner großen, übergewichtigen Figur am Fenster, drückte sein Vollmondgesicht an die Scheibe und rief laut in die nächtliche Stille: „Jungchen, hör auf, die kriecht sonst'n Kind, ich erzähl es deiner Oma!"

In diesem Moment dachte hier keiner ans Aufhören. Ich konnte nur abwinken und bedeutete ihm mit einer Handbewegung, weiterzugehen, was er dann auch tat. Natürlich erzählte er beim nächsten Gig den Kollegen, dass er mich in flagranti ertappt hatte, was wiederum mit dem vertrauten, breiten Grinsen quittiert wurde.

Man sieht, dass das Gefühlsleben eines Musikers zuweilen erst nach dem Job an Fahrt gewinnt, besonders wenn ihn von der Tanzfläche her inspirierende Vibrationen erreichen und seine Fantasie beflügeln.
Drum heißt es unter anderem auch:

> *Beginnt für den Musiker die Arbeitszeit,*
> *befällt ihn eine angenehme Müdigkeit.*
> *Geht er dann vom Podium herunter,*
> *ist er gewöhnlich frisch und munter.*

Hier endet die Husumer Schlagzeug-Story, auch wenn das Trommelfieber bis heute nicht abgeklungen ist. Meinen weiteren Weg vom Amateur zum Profi erzählt im folgenden Kapitel der Kontrabass „Ray".

1953: Die turbulenten Jahre des Kontrabasses „Ray“

Vom Amateur zum Profi

Ich heiße Ray. Mein Geburtsort ist mir leider nicht bekannt, doch müsste er im Süden liegen, dort wo es Wälder mit edlen Hölzern gibt. Auch meine Erzeuger bzw. Erbauer kenne ich dem Namen nach nicht. Das Geburtsjahr jedenfalls müsste etwa bei 1948/50 liegen. Zu diesem Zeitpunkt wurde ich als brandneuer Kontrabass in einem großen Flensburger Musikgeschäft zum Verkauf angeboten.

Eines Tages erschien Eugen, Schlagzeuger und Leiter eines Bar-Trios und kaufte mich, um ihm künftig als Nebeninstrument zu dienen. Er nahm einige wenige Stunden Unterricht, um einigermaßen, zumindest als „Lotto-Bassist“ bestehen zu können. So ging es etwa zwei Jahre lang mit Monatsengagements durch Norddeutschland, wobei sich auch Saxofonist Herbie gelegentlich an mir versuchte.

Nachdem das „Sphinx-Trio“ einige Monate im Flensburger ‚Casino‘, einem bordell-ähnlichen Hafenlokal, gastiert hatte, folgte 1952/53 ein längeres Engagement im renommierten Husumer „Cafe Hartmann“, welches seit einigen Jahren monatsweise und auch länger auswärtige Bands engagierte, die den einheimischen Kapellen qualitativ meist überlegen waren, besonders in Bezug auf moderne Spielweise, Repertoire etc.

Nach einiger Zeit bemerkte Eugen, dass er sich in Flensburg durch intensiven Umgang mit einschlägigen Damen ein Leiden zugezogen hatte, welches den Aufenthalt in einer Husumer Klinik dringend notwendig machte.

Man erkundigte sich nach einem adäquaten Schlagzeuger als Ersatzmann, und die Wahl fiel nach einem zehnminütigen Probespiel auf Tom Wohlert, 20 Jahre alt. Dieser brachte beim Jobantritt auch seine Gitarre mit und sang die gängigen Schlager in Deutsch, Englisch und Französisch, wodurch er sich in den folgenden Wochen unentbehrlich zu machen schien. Vor allem konnte er zu seiner großen Genugtuung auf einem cremefarbenen „Trixon“- Schlagzeug spielen. Welch ein Hochgefühl! Er war ab sofort nicht mehr Schlagzeuger in einer Kapelle, sondern Drummer in einer Band bzw. Combo. Die Bezeichnung Schlagzeuger galt damals über Jahre hinaus als antiquiert und war eher für das Mitglied eines Kurorchesters zutreffend, während sich ein Drummer der internationalen Tanzmusik oder Jazz-Szene zugeordnet fühlte.

Das Sphinx Quartett 1954

Eugen, dem man inzwischen in der Klinik einen Hoden entfernt hatte, wurde angetragen, nach seiner Rückkehr das Trio zu einem Quartett zu erweitern, und Tom nahm die Gelegenheit wahr, Husum demnächst mit der Band verlassen zu können, denn seine nordfriesische Heimat war trotz Wattenmeer, Theodor Storm und Emil Nolde für Musiker ein Niemandsland ohne Zukunft.

Als der eineiige Eugen nach etwa zwei Wochen aus der Klinik zurückkehrte, musste Tom den Schlagzeugstuhl räumen, spielte Gitarre und sang (es gab eine Mikrofonanlage), wenn er nicht gerade Eugen vertreten musste, weil der nicht so lange auf dem Schlagzeugstuhl sitzen konnte. Der Grund dafür dürfte bekannt sein.

Was lag nun näher, als Tom anzubieten, ein wenig Bass zu lernen. Eugen zeigte ihm, wie man so ein Instrument hält, Fingerhaltung usw. Kurz darauf konnte er einen Walzer in D-Dur spielen und musste dabei hauptsächlich nur Leersaiten zupfen. So wurde ich fortan von drei Musikanten als Nebeninstrument missbraucht.

Ich hatte mir wahrhaftig eine andere Bass-Karriere gewünscht.

Wir verließen Husum und gingen nach Bielefeld in den „Fürstenhof", für Tom ein Sprung in die große Profiwelt, denn in Husum ging der Blues um!

Die Band musste zum ersten Mal eine Show begleiten, d.h. Ballett, Jongleur und eine Sängerin und alles das mit Toms dürftigen Notenkenntnissen. Eugen hatte so gut wie gar keine. Bei der Probe mit dem Jongleur stand in den Noten unter anderem eine Generalpause, die mit G.P. eingezeichnet war. Eugen deutete diesen Hinweis als <Große Pauke> und trat kräftig in die Bass-Trommel, was den Jongleur, sichtlich verstört, seine Keulen fallen ließ.

In diesen Jahren spielten in Bars und Tanzläden sehr selten ausgebildete Bassisten und Schlagzeuger. Sie wurden deshalb von Musikerkollegen häufig als musikalische Hilfsarbeiter bezeichnet.

Das folgende Engagement war die „Aquarium-Bar" in Essen mit täglich acht Stunden Spielzeit. An Üben war bei diesem aufreibenden Job kaum zu denken, wobei erschwerend hinzukam, dass die Musiker im ehemaligen Luftschutzbunker des Hauses „wohnten", knapp 20 qm groß, ohne Fenster mit vier Betten und einer Eisentür plus Guckloch. Zwei der Kollegen waren zudem starke Raucher. Und auf eines sei noch hingewiesen: Ein Schweißfuß kommt selten allein! Ähnlich hätte es nur im Knast sein können.

Trotzdem lernte Tom einige Tonleitern und harmonische Verbindungen dazu, wobei er sich an mich zu gewöhnen schien; ein Kontrabass spürt so etwas. Es ging für einen Monat zurück nach Bielefeld ins Reengagement mit Showbegleitung inklusive Ballett, welches auf die Musiker stets eine besondere Anziehungskraft ausübte.

1954: 6 Monate im Neuland Bayern

Danach folgten sechs Monate im „Tivoli", Regensburg, wo schon sehr gute, auch namhafte Bands gespielt hatten. Allerdings war es ein berüchtigter, übler Schuppen mit deutsch- amerikanischem Publikum, Ballett, teilweise schon Striptease und sonstigen Akteuren. Der Laden war mit seiner mangelhaften Belüftung so eine Art Räucherkammer, mit Huren, Ganoven und allem was das Tageslicht scheut.

Das Ballett erweckte auch hier bei den Musikern erhöhte Aufmerksamkeit, wobei es zwischen der attraktiven Ballettchefin und Tom besonders intensiv funkte, so dass es in den folgenden Wochen für ihn kein Freizeitproblem gab.

Die Band spielte täglich siebeneinhalb Stunden bei einem freien Tag im Monat und 400.- DM brutto (320.-netto), 1953 eine Durchschnitts-Monatsgage. Man teilte sich mit einem Kollegen ein Doppelzimmer für DM 60.- Miete und verbrauchte an Verpflegung etwa DM 150.- oder mehr. Große Sprünge konnte man also nicht machen, schon gar nicht Eugen, der Frau und zwei Kinder ernähren musste. Der Kauf von Schallplatten wurde sorgfältig geplant, denn eine LP kostete zu dieser Zeit DM 20.-, eine Import-LP von Blue- Note, Riverside, Prestige oder Verve dagegen bis zu DM 30.-, fast ein Zehntel des Netto-Einkommens.

Ich jedenfalls hatte mir als Kontrabass ein anderes Dasein vorgestellt, denn ich wurde zuweilen mit Bier und Cola besudelt. Selbst Zigarettenkippen und sonstiger Unrat gelangten durch die F-Löcher in mein Inneres. Natürlich musste ich auch mehrere Schlägereien überstehen. Tom schob mich in solchen Fällen schnell unter den Flügel.

Der Chef des „Tivoli" befand sich übrigens wegen illegaler Geschäfte und Schiebereien mehrfach im „Urlaub".

Irgendwann wurde morgens gegen drei Uhr die Kasse von der Steuerfahndung beschlagnahmt, weshalb die Musiker ihre Tagesgage morgens um zehn Uhr im Finanzamt abholen mussten, mitten in der Nacht! Seit diesem Ereignis wurde der Inhalt der Kasse jeden Abend gegen Mitternacht im Flügel versteckt, nachdem der Oberkellner der Band die Tages- bzw. Abendgage ausgezahlt hatte. Um keinen Verdacht aufkommen zu lassen, hatten die Bardamen eine zweite, fast leere Kasse hinter der Theke untergebracht.

Einige Abende darauf erschien ein unauffälliger Gast, der sich an die Bar setzte und einen Drink bestellte. Nachdem er sich ein wenig mit den Damen unterhalten hatte, stand er auf, rannte hinter die Bar, schnappte sich die Kassette und flüchtete über die Tanzfläche Richtung Ausgang. Er kam allerdings nicht weit, denn die Bardamen schrieen: „Haltet den Dieb!", worauf ein Kellner spontan dem Flüchtenden sein leeres Tablett auf den Kopf schlug und dieser zu Boden ging. Als kurz darauf die Polizei eintraf, entpuppte sich der „Dieb" als Fahndungsbeamter im Unglück. Das Ganze hatte auch weiter kein Nachspiel, denn der Mann war schließlich wie ein Dieb aufgetreten. Unsere Gage wurde weiterhin ausgezahlt, bevor die Kassette im Flügel verschwand, und was danach eingenommen wurde, landete in der Unterwäsche der Bardamen.

Es gab übrigens noch ein Ereignis der besonderen Art, als ein amerikanischer GI während einer Tanzpause auf die voll beleuchtete Tanzfläche lief, die Hose runterließ und seine Notdurft in Form eines dampfenden Ka(c)ktus auf das Parkett drückte. Der Typ wurde zwar kurz darauf von der Militärpolizei abgeführt, hatte aber, wie man sagte, eine Wette gewonnen.

Ansonsten gestaltete sich alles sehr gemütlich-bayerisch mit viel Gaudi, Leberknödel und Bier. Die Band konnte hier spielen, was sie wollte, und Tom entwickelte sich, für damalige Verhältnisse, zu einem halbwegs passablen Bassisten. Auch Saxofonist Herbie hatte seine Basstechnik verbessert. Er musste Tom häufig vertreten wenn dieser Gitarre spielte, wogegen Eugen sich nur noch selten an mir verging.

Nach Beendigung der sechs Monate im Regensburger „Tivoli" ging es zurück nach Bielefeld in den „Fürstenhof". Auf der nächtlichen Bahnfahrt wurde mir, Ray, zum ersten Mal von einem Schaffner der Aufenthalt im Bahnabteil verwehrt, wo ich üblicherweise oben zwischen zwei Gepäcknetzen über den Sitzbänken lag. In Bayern sagt man: „Der Boass heißt Boass, weil er nirgendwo richtig hie boasst".

Also musste ich in den Gepäckwagen, wo ich mir auf der achtstündigen Fahrt bei Minusgraden den ersten großen Deckenriss zuzog, denn von Anbeginn meines Reisedaseins wurde mir nie der Schutz einer soliden Basshülle zuteil. Stattdessen hatte Eugen in Flensburg aus Geldmangel (für mich, Ray, musste er derzeit mindestens zwei Monatsgagen, etwa 600.-DM bezahlen) von einer des Nähens kundigen Strichdame so eine Art Basshülle aus dünnem Sackleinen nähen lassen, welche sich erst etwa zwanzig Jahre später in Wohlgefallen auflöste.

Nach einem Monat Bielefeld und Bassreparatur folgten zwei Monate Stuttgart im „Metropol-Palast" bei guten Arbeitsbedingungen in angenehmer Atmosphäre und erhöhter Gage. Tom hatte inzwischen eine Hawaii-Gitarre erworben und spielte allabendlich (als Show-Einlage in der Tanzfläche sitzend) ein längeres, herzergreifendes Südsee-Medley, wodurch die Band im Marktwert gestiegen zu sein schien.

Im Metropol-Palast gab es ein großes Tanz-Cafe, ein Kabarett mit Bar und einige große Kinos, die von den Musikern gratis besucht werden konnten mit der Auflage, sich in die Logen zu setzen, weil diese vom Kinopublikum wegen der höheren Eintrittspreise gemieden wurden. Zu dieser Zeit kamen gerade die 3-D- Filme in Mode, meist in Form von aufwendig produzierten US- Western, wo die Pfeile der Indianer sirrend durch den Zuschauerraum schwirrten, oder eine lodernde Fackel sich mitten im Raum bewegte, so dass man als Zuschauer spontan die Gluthitze zu spüren glaubte. Eines der großen Kinos wurde bei Bedarf kurzfristig in eine Show-Bühne verwandelt, wo internationale Artisten auftraten und die Magier Elefanten und Autos von der Bühne verschwinden ließen. Das war der Trick mit den großen Spiegeln.

Und so ganz nebenbei gewannen die Deutschen die Fußball-Weltmeisterschaft in Bern.

Ein Monat im Traumland Schweiz

Das nächste Engagement führte die Band für einen Monat nach Basel in die Schweiz. Das war 1954 für Musiker ein Glückswurf. Schon beim Grenzübertritt bot sich ein Bild des Friedens. Hier gab es keine Kriegstrümmer, und neben historischen Gebäuden standen keine Betonburgen. Die Menschen waren durchweg modern und elegant gekleidet und strahlten, frei von jeglicher Hektik, eine gewisse Ruhe und Gelassenheit aus.

Die Band spielte vier bis fünf Stunden und verdiente das Dreifache der üblichen Gage, die überwiegend in italienische Kleidung investiert wurde, da es diese modischen Artikel damals in Deutschland nirgendwo gab. Die Musiker liefen herum wie Mode-Dandys, teils mit dicken Hornbrillen und französisch parfümiert. Tom trug dazu noch einen Panama-Hut.

Es war auch eine afrikanisch-spanische Bauchtänzerin zu begleiten, ausschließlich mit dem Schlagzeug. Eugen warf aus technischen Gründen das Handtuch und Tom musste, wie schon häufiger geschehen, für ihn einspringen. Die Tänzerin zeigte sich von Tom und seiner Begleitung sehr angetan, doch in diesem Hause herrschte ein strenges Annäherungsverbot unter Angestellten und Künstlern. Er fand allerdings eine Lösung, mit dieser Exotischen Lady unauffällig eine handfeste Affäre zu starten, denn schließlich gibt es für jede ‚Verkehrssperre' auch eine Umleitung!

Basel 1954

Im folgenden Monat spielte die Band in einem Tanzcafe in Bad-Wildungen, dem „Waldecker-Hof", wo jeden Freitag ein ‚Rheinischer Abend' stattfand, d.h. es durfte ausschließlich Stimmungsmusik gespielt werden. Ausserdem mussten die Musiker Luftschlangen, Papierkugeln und Konfetti ins Publikum werfen. Und das Ganze im September für ein blasenleidendes, wassertrinkendes, stocknüchternes Publikum!

Der Chef verbot schon am zweiten Tag das Improvisieren, was natürlich nicht realisierbar war, außerdem durfte Tom nur noch deutschsprachige Nummern singen. In der Band wurde so etwas von Nazi-Groove gemurmelt. Die Chefin fügte der Anordnung des Chefs noch folgenden Satz hinzu: „Wir brauchen hier eine Musik, bei der das Schmalz an den Wänden herunter läuft". Als der Monat in diesem Schmalztiegel endlich vorüber war, fuhren wir für drei Monate nach Idar-Oberstein in die „Schloss-Schänke". Es war ein deutsch-amerikanisch gemischter Tanzladen, in dem die Band spielen konnte, was sie wollte und für richtig befand.

Der Boss dieses Etablissements hatte die Angewohnheit, einmal im Laufe des späteren Abends sein Geld zu zählen, welches er hinter der Theke in einer der vielen kleinen Schubfächer eines großen, alten Apothekenschrankes in Zeitungspapier gewickelt unter Verschluss hielt. Nachdem er das dicke Geldpäckchen im Jackett verstaut hatte, verschwand er damit in der Damentoilette, wo er sich sicherer fühlte und kehrte nach 5 bis 10 Minuten wieder zurück, um die Knete in einem anderen Schubfach des Schrankes wieder einzuschließen. Diese Prozedur konnte die Band allabendlich auch während des Spielens beobachten. Eines Abends erzählte eine der anwesenden Gunstgewerblerinnen den Musikern: „Stellt Euch vor, ich gehe in die Damentoilette, öffne eine der Türen, und da sitzt doch tatsächlich Euer Chef auf dem Klo, hat vergessen, die Tür abzuschließen, vor sich auf dem Boden eine Zeitung ausgebreitet und zählt jede Menge Geldscheine." Herr R. fühlte sich auf der Damentoilette offenbar am sichersten, um kurzfristig den Bestand seines vermutlichen Schwarzgeldes zu sichten.

In der Neujahrsnacht 1954/55 ging es sozusagen drunter und drüber, der Alkohol floss in Strömen und ich, Ray, erhielt in einer Pause von Unbekannt einen Stoß und flog vom Podium kopfüber auf die Tanzfläche, wobei mein Hals vom Korpus getrennt wurde. *Happy New Year!*

Eine Woche später stand ich repariert wieder auf dem Podium. Die Rechnung musste Tom bezahlen, denn der Boss lehnte jegliche Haftung ab.

1955: Engagement im Bordell

Die Band erhielt vom Agenten einen Vertrag für zwei Monate in Saarbrücken, damals noch französische Besatzungszone, mit dem Vermerk, es sei kein besonders nobles Lokal, aber die Zeit für einen Vertragsabschluß würde ja schließlich drängen. Er fügte am Schluss noch hinzu: „Lieber die Köchin im Bett, als die Gräfin auf dem Dach".

Also fuhren wir vertragsgemäß nach Saarbrücken. Der Laden hieß „Tante Maja" und war, wie sich herausstellte, der städtische Puff. Es spielten zwei Bands, eine begann um 10 Uhr früh bis 17 Uhr, die andere von 17 bis 24 Uhr im wöchentlichen Wechsel. Morgens um 10 Uhr hatten Tom und seine Kollegen bis dahin noch nie ein Instrument in der Hand gehabt, geschweige denn auch nur einen Ton gespielt, aber der Vertrag lautete wie üblich: 7 Stunden Dienst nach Einteilung der Direktion.

Unsere Band wurde sogleich von einigen Damen vereinnahmt, wobei Eugen als Bandleader, die Tradition wollte es so, von Frieda, der Puffmutter beansprucht wurde, worum ihn niemand beneidete, denn sie hatte die Figur einer Buddha-Statue mit wallenden Fettpolstern. Aber Eugen war in dieser Hinsicht hart im Nehmen und wurde später von ihr zum Dank mit Siegelring und Armbanduhr belohnt. Sie war ursprünglich von Beruf eine gelernte Köchin, frönte intensiv der Promiskuität und wurde wegen ihrer häufig wechselnden Bettgenossen, von denen sie sich auch gerne bezahlen ließ, von der Sittenpolizei (intern Sitte genannt) als Prostituierte registriert, Nach einigen Dienstjahren avancierte sie zur Puffmutter. Nun hatte Eugen tatsächlich die vom Agenten versprochene Köchin im Bett.

Tom geriet mit einigem Glück in die Fänge von Anita, einer jungen Spanierin, auch Messer-Anita genannt, die in ihrer Handtasche für besondere Fälle ein Springmesser mit sich führte. Es gab kein Entrinnen! Sie saß oft an einem Tisch direkt neben dem Podium in „greifbarer" Nähe von Tom, und ihre Hand glitt zuweilen, durch meinen Kontrabass-Korpus vom Publikum abgeschirmt, während des Spielens an seine Hose, um die ersehnte Tatwaffe zu streicheln, was nicht gerade hilfreich für Intonation und Timing war.

Fazit: Quäle nie ein Tier zum Scherz, denn es könnt` geladen sein!

Da gerade Fasching war, hatte eine der Ladies an meiner Mechanik zwei aufgeblasene Kondome befestigt, die wie zwei große Ohren wirkten, was zur allgemeinen Erheiterung des Publikums beitrug. Tom nahm es mit Gelassenheit hin.

Wenn wir Frühdienst hatten, erschien hin und wieder gegen Mittag Frieda mit einer Terrine Suppe oder Eintopf. Die Musiker mussten wegen Platzmangel auf dem Podium bleiben, weshalb Saxofonist Herbie seinen Teller oben auf das Klavier stellte und stehend schlürfte, Pianist Fred seinen Teller auf dem Klavierdeckel platzierte, Eugen, am Schlagzeug sitzend, quasi von der Snare-Drum speiste und Tom, der mich auf die Seite gelegt hatte, auf meiner Zarge saß, um die Suppe von seinem Gitarren- Stuhl zu löffeln. Puffmutter Frieda löffelte auch manchmal eifrig mit, um ihre Buddha-Figur zu pflegen. Heinrich Böll hätte diese Szene eventuell als „Gruppenbild mit Suppe" oder „Suppenbild mit Dame" bezeichnet.

Nach dem Frühdienst trafen sich alle gelegentlich in Friedas Wohnung im ersten Stock, wo es immer etwas zum Essen und genügend zu Trinken gab. Manchmal klingelte auch ein Kunde, worauf Frieda das Fenster öffnete, um zu sehen, wer der Typ war. Dann sagte sie meist: „Ach, du Wichser bist es, ich komme runter", dann erledigte sie in ihrem Arbeitszimmer ihren Job, meist in der Rolle einer Domina und kam bald darauf wieder nach oben, als sei nichts gewesen.

Ein anderes Mal läutete ein anderer Kunde, der wieder mit Wichser begrüßt wurde und mit unterwürfiger Stimme sagte, er würde auf dem Nachbargrundstück erst mal seine Weidenruten schneiden. Es war ein Medizinalrat und Stammkunde, der in regelmäßigen Abständen von Frieda ausgepeitscht wurde. Tom und seine Kollegen hörten ihn unten schreien. Es war ein äußerst gewöhnungsbedürftiges Erlebnis, und Frieda erschien anschließend wieder, als sei nichts gewesen. Es war alles Routine, und schließlich hatte sie ja ihren Eugen!

Es gab hier keine Zuhälter. Einige der Mädchen gestalteten ihr Intimleben miteinander und flüchteten vom Alltagsjob sozusagen ins

Lesbennest. Doch die meisten suchten sich freiwillig einen Lover fürs Herz, um ihn zu verwöhnen und ein wenig zu bemuttern. Dabei konnten sie sehr eifersüchtig sein, wie z.B. Anita, die Tom, ohne mit ihrem Springmesser zu drohen, gut im Griff hatte.

Die musikalischen Erwartungen des Publikums entsprachen voll dem allgemeinen Niveau. Man wollte neben deutschen Schnulzen hauptsächlich Stimmungs- und Hauruckmusik hören, weshalb die Band während dieses Engagements zur Stimmungskapelle verkümmerte. Nachdem wieder einmal so eine Bumsnummer gespielt war, ging Herbie - manchmal war es auch Tom - ans Mikrofon, produzierte einen satten Rülpser und sagte zum Publikum gewandt „Sie hörten soeben den Landfunk!"

Dem Puff-Publikum schien diese Art von Ansprache zu gefallen. Einer der Gäste von dem man sagte, er sei städtischer Bibliothekar, kam regelmäßig ans Podium, spendierte eine Runde und sang jedes Mal unter lauter Zustimmung des Publikums die Nummer „O, sole mio" mit einem pornografisch stark aufgepeppten Text. Vielleicht hätte Tom statt „Pennies from Heaven" zu singen, daraus mit textlicher Veränderung einen „Penis from Heaven" machen sollen, aber dieses Publikum hätte es wahrscheinlich in englischer Sprache sowieso nicht verstanden.

Jedenfalls waren die zwei Monate für die Musiker in mancherlei Hinsicht anstrengend, aber sehr aufschlussreich, brachten musikalisch nichts, an Lebenserfahrung doch einiges.

Milieuwechsel

So geläutert, mit dem Puff- Diplom in der Hosentasche, fuhr die Band für 2 Monate nach Bad- Gastein in Österreich. Es war in jeder Hinsicht ein Klimawechsel, erst das damals von der Industrie verrußte Saarbrücken, dann dieser feudale Luftkurort mit dem eleganten Cafe, welches der Schauspielerin Paula Wessely gehörte und für deren Tochter Christiane Hörbiger Tom des Öfteren mit viel Schmalz den Titel „Moulin-Rouge" singen musste.

Das Cafe lag direkt an einem Wasserfall, und das Engagement geriet sozusagen zu einer Art Reha-Urlaub mit nachmittags ein wenig Unterhaltungsmusik und abends Tanz. Tom hatte keine Skrupel, mich bei Walzer und Operettenmusik zu streichen. Er traf selten einen Originalton, denn es gab überhaupt keine Bass-Stimmen. Außerdem war der Bass-Schlüssel für ihn noch immer eine fremde Welt, auch wenn er mittlerweile von

Schallplatten Lieder und kleine Arrangements, die es im Notenhandel nicht gab, abschreiben konnte.

Von Bad-Gastein fuhren wir - immer noch per Bahn - für einen Monat nach Lugano im Tessin, spielten im Freien unter Palmen am See, und die Musiker genossen dieses Ambiente bei Schweizer Gage, gutem Essen für und schönen Mädchen. Mir brannte die Sonne manchmal zu stark auf das edle Holz, doch Tom pflegte mich mit einem bewährten Balsam für Streich-Instrumente.

Es folgte ein Monat Genf, wo man uns als ‚Erste deutsche Band nach dem Krieg' plakatiert hatte, was sich als nicht sehr geschickt erwies, denn das Publikum reagierte auffällig distanziert. Die Musiker wurden allerdings durch die beeindruckende Stadt, in der zu diesem Zeitpunkt die Internationale Atomausstellung stattfand, voll entschädigt. Anschließend ging es mal wieder zwei Monate zurück nach Essen in die Knochenmühle „Aquarium-Bar" mit acht Stunden Dienstzeit, wo man dieses Mal anstatt im Luftschutzkeller in zwei Doppelzimmern mit Fenstern wohnte.

Die Wintersaison von Dezember 1955 bis Ende März 1956 verbrachten wir in Lech/Arlberg. Toller Job, internationales Publikum und entsprechend gute Musik. Bei einer Tanzparty im Schnee trug ich wegen Unterkühlung zwei Deckenrisse davon. Auch der Stimmstock war umgefallen, den Tom nach langen Bemühungen wieder aufrichten konnte.

Tom u. Fred: Eigentlich sollte es ein Schneemann werden

1956: Truppenübungsplatz

April 1956 in Baumholder, einem Truppenübungsplatz in der Pfalz. Der Laden hieß „Passage-Palast-Club", auch Pa-Pa-Club genannt. Das war ein riesiger Schuppen mit überwiegend amerikanischen G.I.s und drei Chefs, deren Anwesenheitsdauer einer der Beteiligung entsprechenden Hierarchie zu folgen schien. Chef Nr.1 erschien am Ersten des Monats für mindestens eine Woche, wo nach dem Zahltag seitens der Amerikaner das meiste Geld floss. Dann erschien Chef Nr. 2 für ca. 10 Tage, und den dürftigen Rest übernahm Chef Nr. 3.

Alle zwei Wochen kam zur allgemeinen Abwechslung ein anderes Ballett, auch zur Erbauung der Musiker, denn Tänzerinnen, Sängerinnen und auch Bardamen haben traditionsgemäß auf sie immer eine gewisse Anziehungskraft ausgeübt. Umgekehrt allerdings auch!

Tom hatte mit einer Tänzerin ein Date vereinbart und ging mit ihr um 3 Uhr früh nach Feierabend, damals auch Dienstschluss genannt, in einen benachbarten Tanzladen, der bis 4 Uhr geöffnet war. Tom war, wie die meisten Musiker, alles andere als ein guter Tänzer, doch zum näheren Kennen lernen reichte es vollkommen aus. Nach einigen Drinks und nachdem sich die Gedanken und das Gespräch dem Thema Nr.1 näherten, sagte er zu seiner Begleiterin: „Weißt du was, ich hätte große Lust, mit dir zu schlafen". Sie neigte daraufhin ihren Kopf ein wenig zur Seite, sah ihn lächelnd an und antwortete leise: „ Und ich hätte Lust, mit dir so richtig ins Bett zu gehen, schlafen kann ich auch alleine". Ein derart klares Echo hört man nicht alle Tage.

Fazit, und das gilt nicht nur für Hausbewohner: *Wenn es oben läutet, wird unten meist geöffnet!*

In diesen Monaten wurde die Bundeswehr ins Leben gerufen, und man befürchtete eine eventuelle Einberufung des jüngsten Bandmitglieds Tom, der aber, wie sich herausstellte, zu den sgn. weissen Jahrgängen gehörte, und deshalb nicht in die Fänge und Zwänge des Militärs geraten konnte.

Am Ende des Monats hatten auch die Gunstgewerblerinnen wenig zu tun und suchten sich gelegentlich etwas fürs Gemüt. Eine attraktive junge Lady pflegte mit Tom einen sehr intensiven Blickkontakt und beide beschlossen, bei ihm zu nächtigen, worauf sie meinte, es müsste auch noch eine Freundin mitkommen, die sein Zimmerkollege übernehmen könnte. Tom zeigte Herbie das Mädchen und der sagte spontan zu, weil sein Testosteronspiegel es nicht anders zuließ, denn die Dame war nicht sonderlich anziehend. Andererseits galt meist die Regel: „Verschiebe nicht auf morgen, was du heute noch verschieben kannst".

Ich erzähle das alles, weil Toms Begleiterin am nächsten Morgen sagte, es sei sehr schön mit ihm gewesen und außerdem hätte sie eine Wette gewonnen. Ihre Kolleginnen wollten nicht glauben, dass er anbeißt, weshalb die Freundin als Zeugin unbedingt dabei sein musste. Schließlich hatte es sich bei der Wette um DM 10.- gehandelt. Tom verdiente damals pro Abend etwa DM 15.- brutto.

Diese Weiber!

Die Maus im Zimmer und die Folgen eines harten Winters

Die teils dürftigen Wohnverhältnisse reisender Musiker wurden bereits an anderer Stelle erwähnt. Hier in Baumholder, einem elenden Kaff, wo Tom und Herbie bei einer älteren Witwe im ersten Stock ein Zimmer bezogen hatten, warteten Überraschungen und zwar zunächst in Gestalt einer Maus, die, sobald nachts das Licht gelöscht war, unter Toms Bett ihre nagende Tätigkeit aufnahm und das Schlafen nicht gerade erleichterte. Am Tage inspizierte er das Terrain, kroch unter sein Bett und sah dass zwischen der Fußleiste und dem Boden etwa zwei Zentimeter Spielraum waren, für Mäuse also kein Problem, das Zimmer zu betreten, zumal auch auf dem Tisch liegende Speisen, Schokolade etc. angeknabbert waren.

Man kaufte also eine Mausefalle, bestückte diese mit Käse und Wurst und stellte sie vor Toms Bett auf. Das letzte Licht war kaum gelöscht, da schnappte schon die Falle zu und hielt an der Nasenspitze eine laut quiekende Maus fest. Das Tier konnte einem in dem Moment wirklich Leid tun, doch Tom opferte sich, nahm einen Schuh und erlöste die Maus von ihren Qualen. Da der Kanonenofen in dem Zimmer noch reichlich glühte, erhielt dieses kleine Nagetier mitsamt der Falle eine zünftige Feuerbestattung. Die zweite Überraschung kam in Form eines strengen, schneereichen Winters, der nach einigen Tagen sämtliche Wasserleitungen inklusive Toilette zufrieren ließ. Herbie, der meist etwas früher als Tom aufwachte, zündete sich gewohnheitsgemäß im Bett erst einmal eine Zigarette an, schlurfte danach zum Waschbecken, wo er die Zigarette auf das Glasbord legte und sich die Zähne putzte, während er bei laufendem Wasser ins Becken urinierte. Tom unternahm etwas später, allerdings ohne Zigarette, die gleiche Prozedur, denn die Zweckentfremdung des Waschbeckens war erheblich bequemer, als die Toilette im Parterre aufzusuchen.

Da nun alles zugefroren war, musste man statt des Waschbeckens Bieroder Weinflaschen benutzen, die am nächsten Tag gut gefüllt unauffällig in einer Nebengasse abgestellt wurden. Nach einigen Tagen meldete sich bei Herbie ein handfesteres Problem, welches mit keiner Flasche zu lösen war, denn nachts um vier Uhr hat auch keine nachbarliche Kneipe mehr geöffnet, die man hätte aufsuchen können. Herbie ergriff in seiner Not einen Stapel Zeitungsblätter, verließ das Zimmer und verrichtete auf dem winzigen Flur seine Notdurft, um bald darauf mit einem kleinen Zeitungspaket ins Zimmer zurückzukehren. Da zu diesem Zeitpunkt der Ofen noch brannte, kam es zu einer weiteren Feuerbestattung, indem Herbie das Paket den Flammen übergab und dieser Notfall ein halbwegs ästhetisches Ende nahm.

Leider erfuhr dieses Thema wenige Tage später eine Fortsetzung, als Tom das gleiche Schicksal ereilte. Da in dieser Nacht der Ofen kalt war, musste er zu einer weniger eleganten Lösung greifen. Er schnappte sich eine Pralinenschachtel, schüttete die restlichen Pralinen auf den Tisch und verließ eiligst das Zimmer. Als er mit der verschlossenen Schachtel zurückkehrte, verschnürte er diese sorgfältig, öffnete das Fenster zur Hauptstraße und schleuderte seine Fracht mindestens 10 Meter die Straße hinunter, wo sie in den meterhohen Schneemassen versank.

Über den weiteren Verbleib dieses Überraschungspäckchens sollte nicht weiter nachgedacht werden.

Reengagement in Bad-Gastein

Es folgte wieder einmal ein Milieuwechsel in das erholsame Bad-Gastein. Dort überraschte man die Musiker mit einer Neuigkeit und teilte ihnen hinter vorgehaltener Hand mit, dass im Jahr davor Eugen (mit einem Hoden!) das junge, mollige Küchenmädchen und Fred eine Kellnerin geschwängert hatten. Volltreffer! Beide Mädels sollen daraufhin schnell einen heiratswilligen Mann gefunden haben und brachten jeweils ein Kuckucks-Ei mit in die Ehe. Wie heißt es so schön? *„Mother's baby, Father's may be!"* Ein weiteres Reengagement kam daraufhin natürlich nicht zustande.

Um Haaresbreite unter die Räder

Die Sommersaison wurde in Klagenfurt am Wörthersee fortgesetzt. Auf der Bahnfahrt von Bad Gastein zum dreimonatigen Engagement hatte der Zug in Velden am Wörthersee mehrere Minuten Aufenthalt, was Fred und Tom veranlasste, im Bahnhof schnell irgendetwas zu kaufen. Natürlich war Eile geboten, und auf dem Rückweg zum Zug hörten die beiden schon den Pfiff zur Weiterfahrt. Fred erreichte den Zug rechtzeitig, während der heranrasende Tom ein bis zwei Meter vor dem Ziel von einem Bahnbeamten kurz am rechten Arm gepackt wurde, beim Losreißen strauchelte und mit der linken Hand die lange, senkrechte Halterung neben der hinteren Wagentür des bereits anfahrenden Zuges ergreifen konnte und dabei versuchte, auf das Trittbrett zu gelangen. Der von einer E.- Lok angetriebene Zug beschleunigte entsprechend stark, so dass Tom durch den starken Anzug und die Fliehkraft nicht das Trittbrett erreichen konnte, sich krampfhaft an der Haltestange festhielt, ein Stück nach unten rutschte und frei über dem Gleis schwebte. Dabei sah er einen sehr nahe am vorbeifahrenden Zug stehenden Gepäckwagen auf sich zukommen und schmiegte sich reflexartig an die Halteschiene um den Aufprall zu vermeiden.

Im selben Augenblick zwang ein schrilles Pfeifen den Lokführer zu einer Notbremsung und Tom, der in Todesangst zwischen Halterung und den teleskopartigen Puffern pendelte, konnte ölverschmiert mit einer Platzwunde am Schienbein den Bahnsteig und schließlich den Zug erklimmen, wo die stark erblassten Gesichter der Kollegen ihn anstarrten, als würden sie einem Auferstandenen begegnen. Er selber sah nicht gerade wie das blühende Leben aus und vernahm die berechtigten Vorhaltungen des Bahnpersonals wie aus weiter Ferne.

Das gesamte Geschehen kann nur wenige Sekunden gedauert haben, wurde aber wie eine kleine Ewigkeit wahrgenommen, auch noch nach Jahren. Es war unauslöschbar auf der Festplatte des Gedächtnisses gespeichert. Um die Platzwunde wurde ein benutztes Taschentuch geknotet, denn für Rücksichtnahme auf Hygiene oder etwa Tetanus (kannten wir damals nicht) fehlten die Möglichkeiten und auch die Zeit.

Lugano

Rock'n Roll Party in Lech

Am Abend stand die Band auf dem Podium der großen Hotelbar des Luxus-Hotels „Moser-Verdino", um 6 Stunden gute Tanz-Laune zu verbreiten, und Tom sang „C`est ci bon", „On the sunny side of the street" etc. Als an der Nordsee Geborener hätte er nach diesem Reiseerlebnis auch singen können: „Das kann doch einen Seemann nicht erschüttern!" Nein, diese Nummer hatte die Band wirklich nicht im Repertoire, und niemand hätte sie hören wollen.

Die Gage war sehr gut und auch die Spielbedingungen, nicht zu vergessen der fast täglich besuchte Wörthersee, auf dem sich die Musikanten auf Luftmatratzen aalten, denn hier schien immer die Sonne und das Wasser lockte. Auch die Kärntner Mädels.

In der Tanz-Bar stieg hin und wieder ein junger Klagenfurter Pianist ein, sang und spielte amerikanische Standards. Er war so eine Art Lokalmatador, hieß Udo Bockelmann und machte wenig später als Udo Jürgens eine große Karriere. Er gab der Band einige Noten und Texte von amerikanischen Titeln, die Tom in sein Repertoire aufnahm.

Etwa nach 10 Jahren trafen sich die beiden in der Schweiz wieder, und Tom begleitete ihn später einige Male in Fernseh-Shows.

Reengagement in Lech/Arlberg
Es lief alles wie im Jahr davor, die Band hatte Erfolg und die Musiker nach Feierabend ihr Plaisier, wenn auch manchmal unter erschwerten Umständen, denn die Band wohnte in einem Mini-Vierbettzimmer, und die Badewanne im Flur war als Liebesnest höchstens für Schrumpf-Germanen geeignet. Also wartete man, bis sich der Hotelbetrieb beruhigt hatte und die anstehenden Love- Dates in der mit Polstermöbeln ausgestatteten Hotel-Bar zelebriert werden konnten.

Die klimatische Ernüchterung erfolgte im Ludwigshafener „Regina"- Tanzcafe. Zwei Monate Industriemief von BASF u. Co. und außerdem ein ständiges Genörgel wegen zu moderner Musik, weil sich Direktion und Publikum offenbar noch im verspäteten Faschings-Delirium befanden.

1957: Die amerikanischen Clubs

Das Sphinx-Quartett hatte sich endlich für amerikanische Clubs qualifiziert und einen in diesem Genre erfahrenen Pianisten engagiert. Der besaß auch ein Auto und fuhr zusammen mit Herbie Richtung Frankreich nach Laon.

Nancy - NCO-Club: Ferri, Tom und Herbie

Eugen und Tom schliefen nach dem letzten „Regina"- Abend auf Bänken des Ludwigshafener Bahnhofs und fuhren mit dem ersten Zug Richtung Frankreich, wobei sie in Saarbrücken einen mehrstündigen Aufenthalt hatten. Da sie sich vor Müdigkeit kaum auf den Beinen halten konnten, schleppten sie sich kurz entschlossen zu Puffmutter Friedas ganz in der Nähe gelegenen Wohnung, wo sie nach mehr als zweijähriger Abwesenheit mit den Worten: „Dass ich Euch Fotzenhobel noch mal wieder sehe!" freudig empfangen wurden. Danach fielen die beiden übermüdet in Sessel, Sofa und einen festen Schlaf. Als sie wieder wach wurden, hatte einer der Strichjungen auf Friedas Geheiß schon die Schuhe geputzt und aus dem „Wiener Wald" einige Grillhähnchen nebst Pommes Frites serviert.

Nachdem die beiden Musikanten sich gestärkt hatten, zeigte Frieda voller Stolz ihr neues, orientalisch eingerichtetes Arbeitszimmer, in dem an der Wand über dem französischen Bett ein vielfach vergrößertes Band-Foto mit den strahlenden Gesichtern des „Sphinx-Quartett" hing. Die Band muss damals einen nachhaltigen Eindruck hinterlassen haben, und Tom dachte nur: „Wie gut, dass meine Mutter das hier nicht sieht!" Anschließend ging es eilig zum Bahnhof, wo ich, „Ray", mit den anderen Instrumenten in der Gepäckaufbewahrung auf die Weiterreise wartete.

Wir bestiegen unseren Zug in Richtung Champagne und fuhren über Reims nach Laon, wo wir auf der 10 KM entfernten US- Air-Base, im Laufe der nächsten Jahre in den verschiedenen Clubs noch neun weitere Monatsengagements spielten.

Die Band hatte einen Vertrag mit dem Officers-Club, wo sie den Alleinunterhalter Günther Meyer ablöste, den Tom mehrere Jahre später als Günther Noris in Köln am WDR wieder traf. Wir spielten von 17:30 bis 21:30 mit stündlich 15 Minuten Pause. Die Zeit der Knochenmühlen war vorläufig vorbei, und die Musiker genossen das relaxte Leben des Club-Daseins mit Einkaufsmöglichkeiten in den PX-Läden, wo Langspielplatten höchstens $ 2,50, also DM 10 kosteten, dazu die Snack-Bars mit T-Bone-Steaks, Hamburgern, Ketchup, Majo etc., damals für alle Beteiligten ein absolutes Novum.

Man wohnte auf dem Flugplatz in einem BOQ (Bachelor- Officers Quarter) relativ nahe an der Start- und Landebahn. BOQs sind Leichtbauten für ledige Offiziere, Piloten und, in Ausnahmefällen, Musiker. Mehrmals in der Woche starteten bei Anbruch der Dunkelheit die zweistrahligen Düsenbomber und flogen Richtung Elbmündung bzw. Helgoland, um dort Manöverbomben abzuwerfen. Sie landeten dann wieder gegen 12 - 1 Uhr in der Nacht. Wenn die Piloten ins BOQ zurückkamen, schaute der eine oder andere bei uns herein, weil wir gerade Platten von Miles Davis, Gerry Mulligan oder Shorty Rogers hörten.

Um 21:30 nach Spielschluss stellte sich für die Musiker die Frage, wie es mit dem angefangenen Abend weiter gehen könnte, noch einmal in die Snack-Bar mit Bier und Hamburger? Schließlich war man auch in Frankreich. Ganz in der Nähe der Air-Base gab es ein einsam gelegenes Landhaus-Lokal, wo ein Glas Rotwein 20 Cent, damals umgerechnet etwa 15 Pfennige kostete. Auch der Champagner war hier nicht wesentlich teurer als Bier.

Somit war es nicht verwunderlich, wenn die Musiker alles andere als nüchtern auf der Rückfahrt den Wachposten der Air-Base passierten, natürlich mit dem Auto, denn Rudi, der Pianist, hatte einen älteren Mercedes 170 V Diesel, der meist mit Heizöl betankt wurde, was schon damals strafbar war. Deutsche Autos aber wurden so gut wie nicht kontrolliert. Auch Alkoholkontrollen waren kaum bekannt.

Als die Band eines Nachts mal wieder voll getankt mit Wein und Champagner den Wachposten passiert hatte, verlor Rudi die Orientierung, so dass das Auto anstatt vor dem BOQ zu parken, unerwartet in der Nähe des Towers auf der Rollbahn vor einem Düsen-Jagdbomber stand. Wenige Augenblicke später waren die vom Alkohol benebelten Jungs von zwei mit großen Such-Scheinwerfern ausgestatteten Jeeps der Militärpolizei eingekreist. Die Musiker entschuldigten sich lallend für ihr Versehen, und die Polizisten ließen ihre Maschinenpistolen sinken. Danach eskortierten sie den Mercedes, ein Jeep vorweg und einer dahinter, zum BOQ, wo die Jungs ihren Rausch ausschlafen konnten.

Rudi hatte die Idee, an einem der freien Tage nach Paris zu fahren, denn niemand in der Band war jemals dort gewesen. Also fuhr man in Rudis Heizöl- Mercedes in der Frühe dort hin und besuchte zunächst einmal den Eiffelturm, wie es von Touristen kaum anders zu erwarten ist. Natürlich wurde das eiserne Monster per Lift bis zur höchst möglichen Plattform erklommen und die Weltstadt aus etwa 300 Meter Höhe bestaunt.

Als alle unten wieder angekommen festen Boden unter den Füßen hatten, wurde dringend ein Restaurant gesucht. Auf dem Weg dorthin rief unerwartet ein besonders gut gekleideter Mann auf Französisch: „ Hallo, meine Herren, was machen Sie in Paris?" Es war, wie sich herausstellte, ein Feriengast, den wir zwei Jahre zuvor in Lugano kennen gelernt hatten und der sich immer Titel von George Shearing wünschte, wobei er sich sehr spendabel zeigte.

Jedenfalls war diese Begegnung wieder einmal ein Beispiel dafür, wie klein die Welt manchmal ist.

Das Restaurant war sehr gut, die Speisen erlesen und die Preise gesalzen. Der Kellner überreichte jedem seine Rechnung und blieb nach deren Begleichung noch abwartend stehen. Als Tom, der als einziger ein wenig Französisch sprach, ihn fragend anschaute, sagte er nur: „Service" und machte eine eindeutige Bewegung mit Daumen und

Zeigefinger. Es dauerte einen kurzen Augenblick, bis Tom begriff, dass in Frankreich das Bedienungsgeld plus Trinkgeld vom Gast selbst errechnet und unaufgefordert gezahlt wird, wobei ca. 15% und mehr üblich sind.

Mit dieser neuen Erkenntnis im Gepäck wurde eine Übernachtungsmöglichkeit in einem preiswerten Hotel gesucht und auch gefunden. Für den Abend wurde ein Jazz-Club avisiert, doch niemand kannte etwas Entsprechendes.

Tom hatte vor zwei Jahren in Lech/Arlberg mit einer jungen Ski-Urlauberin aus Paris die Heimatadresse ausgetauscht, wobei sie ihm anbot, sie doch mal zu besuchen. Nun war die Gelegenheit da, und man fand nach längerem Suchen die Pension, in der sie wohnte. Tom fragte bei der Dame des Hauses nach Jaqueline, die tatsächlich anwesend war und sich sichtlich über den Besuch freute. Sie kannte auch einen Jazz-Club, wollte sich nur noch umziehen und telefonieren.

Das Münz-Telefon befand sich in der kleinen Rezeption an der Wand, und Tom hörte, wie sie einem Charles von ihrer starken Migräne erzählte und ihm klarmachte, dass sie ihn heute nicht treffen könnte. Danach dirigierte Jaqueline ihren Besuch quer durch Paris in einen Jazz- Club mit einer halbwegs vernünftigen Band, die eine Mischung aus Dixieland und Swing zu bieten hatte. Das Bier floss reichlich, und das Mädchen lehnte vertrauensvoll den Kopf an Toms Schulter. War sie einfach nur müde, oder täuschte sie nur Müdigkeit vor?

Der Rückweg ging wieder quer durch Paris und Jaqueline wurde vor ihrer Pension abgesetzt, wo Tom sie noch zur Tür geleitete. Nach einigen Minuten kam er zum Auto zurück und erklärte seinen grinsenden Kollegen, dass er erst am Morgen zum Frühstück ins Hotel käme. Obgleich er in der Pension nicht geduldet war, verbrachte Tom die Nacht heimlich, still und leise bei Jaqueline, wodurch besonders für ihn der erste Besuch in Paris, und nicht nur die Besteigung des Eiffelturms, einen nachhaltigen Eindruck hinterließ.

Als die Band ihr drittes Engagement in Laon antrat, wirkte das BOQ völlig neu. Auf die Frage nach dem Grund sagte man den Musikern, ein Bomber hätte die Landebahn verfehlt und das Gebäude teilweise abrasiert. Da es bei Tage geschah, waren die Amis nicht anwesend. Nur einige Musiker, die tagsüber schon mal schlafen oder üben, kamen mit dem Schrecken oder auch mit dem Leben davon.

Zu Beginn eines weiteren Engagements in Laon fand die Band nur noch das Fundament des BOQ vor. Ein neues Gebäude war 200 m weiter von der Landebahn entfernt errichtet worden, da das alte von einem Transportflugzeug des viermotorigen Typs „Globe-Master" bei der Landung völlig zerstört wurde. Die Musiker schliefen fortan ruhiger und ich, Ray, hatte im Club sowieso meine Ruhe.

Einmal hatte der Clubchef, der immer freundlich grinste (Tom nannte ihn deshalb intern Evergrien) versäumt, den Scheck für die Gage an die Agentur in Mannheim zu schicken, weshalb kaum Geld zum Essen da war, weil manche Musiker von der Hand in den Mund leben und oft mehr Geld ausgeben, als sie einnehmen.

Wie kommt ein Musiker am schnellsten zu einer Million?

Indem er mit zwei Millionen anfängt!

Also versorgten sich die Jungs außerhalb der Air-Base auf den anliegenden Feldern mit Mais und Kartoffeln, woraus auf dem Spirituskocher, den fast jeder im Gepäck hatte, eine Mahlzeit bereitet wurde. Zum Trinken gab es abends im Club immer reichlich, und die medizinisch empfohlene tägliche Menge von mindestens 2 Litern Flüssigkeit wurde von den Musikern häufig überschritten, meist in Form von Gerstensaft, vorzugsweise der Marke „ Freibier" konsumiert. Tom betrachtete die Sache noch von einem anderen Aspekt aus, indem er zu sagen pflegte: „Ausreichende Flüssigkeitszufuhr sollte schon aus hygienischen Gründen empfohlen werden, damit es beim Scheißen nicht so staubt!"

Manches mag abenteuerlich klingen, aber die Arbeitsbedingungen bei vernünftiger Musik und angemessener Gage waren sehr gut, fern von deutschen Knochenmühlen mit Cha-Cha-Cha, Tango, Karneval und Schunkelwalzern. Tom empfand die zwanghafte Neigung, bei Karnevalsliedern in schaukelnd-schunkelnde Euphorie zu verfallen, in gewisser Hinsicht als krankhaft und bezeichnete dieses Verhalten gern als „Rheinischen Hospitalismus".

1958: Tom übernimmt die Band

Eugen, dessen Frau und Kinder in Flensburg wohnten, verließ die Band, weil er des Umherreisens müde war, auch den musikalischen Erwartungen der Kollegen nicht mehr ganz entsprach und andererseits in ein geregeltes Familienleben eintauchen wollte.

Tom übernahm also die Band und auch ich, Ray, ging in sein Eigentum über und erhielt bald darauf die besser klingenden Stahlsaiten. Er kaufte einen VW-Käfer Baujahr 1949 mit 24 PS, nicht synchronisiertem Getriebe (beim Zurückschalten Zwischengas!) und mit geteilter Heckscheibe, wodurch das Reisen auch für mich komfortabler wurde. Ich passte genau hinein in dieses VW-Ei. Außerdem war noch Platz für eine Sängerin.

Wenn der Vertrag es erforderte, wurde eine engagiert, manchmal auch für mehrere Monate, obgleich Verträge auch gelegentlich nicht als bindend ausgelegt wurden. Als Tom in Toul die wechselwillige Sängerin einer Band vom benachbarten EM- Club unter Vertrag nahm, kam sie eine Woche später zu ihm und meinte mit säuselnder Stimme, sie hätte einen netten Offizier kennen gelernt, der sie nach Hawaii eingeladen hat, weshalb sie unbedingt von dem Vertrag zurücktreten möchte.

Okay! Tom hätte ihr auch einiges bieten können, aber nicht Hawaii.

Abreise Laon Air Base

Eine andere vertraglich engagierte französische Sängerin, sie nannte sich Simone Chevalier, schrieb aus Paris einen Brief: „Lieber Tom, sei mir bitte nicht böse, aber ich könnte kurzfristig im Pariser „Blue Note" einsteigen, wo mich Bud Powell und Kenny Clarke begleiten würden. Sei bitte so nett und entlasse mich aus dem Vertrag. Ich weiß, wie sehr auch Du diese Musiker schätzt etc. ...." Der liebe Tom hatte mal wieder ein Einsehen. Was blieb ihm denn hier im Ausland juristisch gesehen auch anderes übrig?

Er selbst war stets mit Musikern um eine längere Zusammenarbeit bemüht, doch in der Branche konnte es schon mal geschehen, dass einer wegen 5 oder 10 Dollar mehr Monatsgage woanders einstieg. Manche Musiker und auch Sängerinnen wechselten deshalb die Bands wie die Filzlaus den Wirt.

Bei gesungenen Balladen hat Tom übrigens gern die Schlussakkorde gestrichen, und dabei hin und wieder mit dem Bogen per Aufstrich „versehentlich" das Hinterteil der Sängerin getroffen, was mit einem leicht strafend-milden Lächeln , doch letztlich Po-sitiv quittiert wurde.

Typisch Bandleader!

1959: Weiter in Frankreich

Es ging weiter mit Club-Engagements in Bitburg- Spangdahlem, Birkenfeld, Kaiserslautern, Zweibrücken, Nancy, St. Mihiel, Verdun, Bar Le Duc, Vitris Le Francois, Toul Officers- Club und EM-Club.

An einem regnerischen Tag in Nancy fuhr bzw. rutschte ein französischer Verkehrsteilnehmer mit seinem Renault, dessen Reifen kaum noch Profil aufzuweisen hatten, bei einer Bremsung auf Toms VW-Heck, worauf Tom laut Aussage eines Kollegen spontan „Herein!" gerufen haben soll. Ein in der Nähe stehender Polizist fragte die Passanten, ob jemand verletzt sei, und entfernte sich, nachdem dieses verneint wurde.

Bei Sachschäden war ein Huissier, ein Gerichtsvollzieher zuständig, der auch erstaunlich schnell zur Stelle war und die beiden Kontrahenten in sein Büro bat, wo er dem erstaunten Tom nach kurzer Klärung der Sachlage eine satte Entschädigung in bar auszahlte. Tom strich zufrieden das Geld ein, ließ sein Auto notdürftig reparieren, taufte es auf den Namen „Thelonious" und verwendete den Rest des Geldes für die angenehmen Dinge des Lebens.

Bei einem weiteren Engagement im Officers-Club Laon suchte die Band nach Feierabend mal wieder das Landhauslokal im Nachbardorf auf, doch den Musikern bot sich ein Bild totaler Verwüstung. Die Mauern waren zerstört und die Dächer des gesamten Anwesens größtenteils eingestürzt.

Tom mit seinem Thelonious

Statt Geselligkeit herrschte hier Grabesstille.

Im Dorf erzählte man der Band folgenden Hergang: Der stets ruhige und freundliche Wirt hatte Informationen über das angebliche Verhältnis seiner Ehefrau mit einem anderen Mann erhalten, weshalb er ihr in seiner ungebremsten Eifersucht mit dem Jagdgewehr in der Hand drohte, sie zu erschießen. Irgendwie gelang es ihr zu fliehen und die Polizei zu alarmieren, die bei ihrem Eintreffen von dem Wirt aus einem der oberen Fenster beschossen wurde, wobei sich eine Art Feuergefecht entwickelte, allerdings ohne den erwünschten Erfolg. Da der schießwütige Wirt keine Bereitschaft zum Einlenken bzw. zur Aufgabe zeigte, verständigte die Polizei das Militär.

Als zwei größere Panzer anrückten und auch diese vom Wirt blindwütig beschossen wurden, fuhren sie geradewegs durch das lang gestreckte Haus hindurch und walzten es nieder. Erst nach dieser Gewaltaktion gab der völlig durchgedrehte Wirt auf und ließ sich festnehmen. Auch zwei Jahre später hatte sich das Trümmerbild nicht verändert, nur durch das Wuchern von Büschen, jungen Bäumen und hohem Gras wirkte das Ganze wie ein trauriger Zeuge eines Familiendramas..

Es folgte ein Engagement im EM-Club Toul. EM-Clubs sind für die einfachen Armee-Ränge eingerichtet. Hier gab es hin und wieder Schlägereien zwischen Schwarzen und Weißen, besonders am Zahltag, denn dann war genügend Geld da, um jede Menge Bier und Whisky zu konsumieren. An so einem Abend eskalierte ein Fight so sehr, dass ein Schwarzer einem Weißen ein Ohr abbiss, genauer gesagt ein halbes Ohr. Es wurde erst am nächsten Morgen von der Putzfrau unter einem Tisch entdeckt und konnte wieder angenäht werden. *Wild-West pur!*

Ähnlich ging es in Angouleme zu, wo der EM-Club im Munitionsdepot tief in einem Waldgebiet lag. Wenn die Band abends um 20 Uhr das Podium betrat und die hier ziemlich isoliert lebenden Soldaten der Sängerin ansichtig wurden, empfingen sie diese meist wie die Stiere brüllend mit: *„Take it off!"* (ausziehen!).

In diesem Club war es üblich, Aggressionen abzubauen, indem auch gelegentlich die Toiletten demoliert wurden, d.h. man zerschlug grundsätzlich die Wandspiegel. Wer kräftiger war, riss auch schon mal ein Waschbecken aus der Wand. Der Höhepunkt kam, als so eine Art Cowboy- Obelix eine Kloschüssel entwurzelte, diese in den Clubraum trug, hochstemmte und dann auf der Tanzfläche zerschellen ließ, wobei er „*Fuck the Army!*" schrie. Dieser GI wurde natürlich degradiert und zwar vom Gefreiten zum einfachen Soldaten. Da es ein kleineres Rang-Intervall beim Militär nicht gibt, entspricht es etwa einem Halbton in der Musik.

Es war halt die Army mit häufig sehr simpel strukturierten Menschen im Vergleich zur Air-Force, die in jeder Hinsicht ein höheres Niveau hatte. Viele Soldaten schimpften über Frankreich, obgleich selbst die niederen Ränge vergleichsweise gut besoldet wurden und sie sich, bedingt durch den günstigen Dollarkurs (1:4 zur DM), eine unbeschwerte Freizeit leisten konnten. Das alles wurde noch durch die Service-Clubs begünstigt, die regelmäßig kostenlose Reisen nach Paris, Madrid, zur Cote d´Azur etc. anboten. Doch die Kulturstädte Paris und Madrid wurden meist als schmutzig und altmodisch bezeichnet, ohne Klimaanlagen und Snack-Bars mit Hamburgern, was damals selbst in Western-Kaffs zur Grundausstattung gehörte und von manchem GI banausenhaft als amerikanisches Kulturgut empfunden wurde. Man konnte deshalb ganz einfach im Military-Camp bleiben, da hatte man alles, was man zum Leben brauchte, nur kein Pigalle mit den diversen Bordellen. Die nämlich wurden einhellig gelobt!

Die zerstörte Stammkneipe

Frei schaffender Musiker: Air-Baise Chambley

1960: Paris

Nach Engagements in St. Jean d`Angely, Phalsbourg / Elsass und Etain / Metz spielte die Band einen Monat im Offiziers-Club in Paris.

Tom besuchte häufig das Bud Powell-Trio mit Kenny Clarke und Pierre Michelot im „Blue Note", saß manchmal an dem kleinen Musikertisch auf der Bühne direkt neben dem Flügel und konnte das Trio hautnah erleben.

Im „Mars-Club" spielte Art Simmons mit seinem Trio.

Natürlich hatte Paris

NATO Hauptquartier Paris

als historische Kunststadt nicht nur Jazz zu bieten. Tom besuchte einige Male den Louvre, das Museum für moderne Kunst und andere Kulturtempel. Im Louvre konnte er unter anderem bestaunen, welche Reichtümer Napoleon allein aus Ägypten anschleppen ließ, und im Museum für moderne Kunst stand er vor jenen Bildern und Skulpturen im Original, die er bisher nur von Kunstbänden her kannte.

Die Band wohnte in einem Hotel in Pigalle nahe dem „Moulin Rouge". Nach dem Job im Club herrschte hier nachts noch ein reges, vielfältiges Leben mit Cafes, Bistros und einem für Pigalle typischen Überangebot an Gunstgewerblerinnen aus aller Herren Länder. So mancher Kollege konnte der lockenden Versuchung nicht widerstehen, außer Kurt, der von seiner Ehefrau begleitet wurde und Tom, der sich kurzfristig mal wieder in den Fängen einer Sängerin befand.

Bill Ramsey sang schon in den frühen 50er Jahren den Heinz Gietz Hit: „Pigalle, Pigalle, das ist die große Mausefalle mitten in Paris...".

Die nächsten Monate verbrachte die Band sozusagen als Sommerurlaub mit Job am Atlantik in Rochefort, Chatelaillon und La Rochelle. Das Privatleben gestaltete sich auf Flugplätzen mit den anliegenden kleineren Städten und Ortschaften generell anders als in einer Großstadt. Die Französinnen zeigten sich meist sehr charmant, aber zurückhaltend mit geringen Ausnahmen, besonders wenn man, wie Tom und Reiner, einigermaßen französisch sprach. Die Ehefrauen der Amerikaner dagegen waren, wenn deren Männer sich in einem mehrtägigen Manöver befanden, gelegentlich für eine partnerschaftliche Abwechslung bereit, und diese Offerten wurden auch von Musikern spontan wahrgenommen.

Man nannte solche Events auch Veruntreuung fremden Eigentums. Es folgte ein Monat im Nato-Hauptquartier in Paris-Versailles, einem erstklassigen Club und dementsprechenden Publikum. Natürlich wurden wieder Jazz-Clubs besucht, vor allem das „Blue Note", wo sich dieses Mal das Bud Powell-Trio mit Art Taylor am Schlagzeug und das Lou Bennett-Trio mit Kenny Clarke halbstündlich abwechselten. Auch in diesem Monat wohnte die Band wieder in Pigalle mit all den vertrauten Attraktionen.

1961: Ami-Clubs und Knochenmühle in Bitburg

Es folgten Engagements in Kaiserslautern, Pirmasens NCO- Club, zwei Monate Ulm NCO- und EM-Club und ein Monat Zweibrücken NCO- Club. Zwischenzeitlich musste Tom einen Monatsjob in einem deutschen Nachtclub, der „Hawaii-Bar" in Bitburg annehmen, wo die Band zu ihrem Leidwesen täglich sieben Stunden spielen musste. Der Chef kam hin und wieder ans Podium und sagte: „Herr Tom, spielen sie nicht so viel Jazz, das ist nicht gut für mein Geschäft." Tom versuchte ihm klar zu machen, dass wir für das überwiegend amerikanische Publikum ein internationales Programm hätten und amerikanische Standards, die häufig im Shearing-Stil gespielt wurden, sehr kommerziell wären. Außerdem würde er doch ab und an Elvis Presley-Titel und populäre Schnulzen singen, worauf der Chef entgegnete: „Herr Tom, wenn der Schlagzeuger spielt mit den Bürsten (er meinte Besen), dann ist es Jazz. Soll er doch mehr spielen mit den Stöcken, soll er spielen Rock`n Roll."
Kein Kommentar.

Airbase Hahn

Was ist übrigens der Unterschied zwischen Rock`n Roll und Jazz? : Rock`n Roll spielt man mit drei Akkorden vor tausend Leuten, und Jazz spielt man mit tausend Akkorden vor drei Leuten.

Eines Abends spendierte ein schwarzer GI vier Biere und bat uns, den Titel „Flamingo" zu spielen, was wir gerne taten, denn schwarze Gäste kamen eher selten. Nachdem wir die Nummer gespielt hatten und gerade Pause war, zitierte die Chefin Tom an die Bar und legte ihm in scharfem Ton nahe, nie wieder Wünsche von schwarzen Gästen anzunehmen, weil die hier unerwünscht seien. Tom war innerlich dermaßen aufgewühlt und erbost, dass er mit der Faust auf die Thekenklappe schlug, wobei diese herunterklappte und der Holzriegel mitsamt den Dübeln plus Putz aus der Wand fiel und Tom sehr laut sagte: „Verdammt noch mal, das ist hier die pure Rassendiskriminierung!" Ihre Antwort lautete: „Herr Kapellmeister", so nannte sie ihn immer, „Sie haben hier für mich geklopft, kommen Sie sofort in mein Büro, Sie sind entlassen!" Tom sagte: „Ich habe einen Vertrag, und wenn Sie mich rechtswidrig entlassen, geht die ganze Band, und ich bin morgen beim Arbeitsgericht!" Der Chef kam herbeigeeilt, sprach einige beschwichtigende Worte und bat Tom, doch weiterzuspielen. Somit löste sich dieser Disput in Null und Nichts auf.

Zu diesem Zeitpunkt wurde gerade die Berliner Mauer gebaut.

Hochzeitsnacht im Hunsrück

Wir fuhren nach Hahn Air-Base im Hunsrück, ein riesiger Nato-Flugplatz mit großen Clubs, in denen man neben dem üblichen Programm mit „Night- Train" und „Peter- Gun" auch Horace Silver –Titel und Ähnliches spielen konnte.

Da das Flugpersonal nicht nur am Fliegen interessiert war, wurden in dem elenden Kaff, es hieß Lautzenhausen, sämtliche Scheunen zu Kneipen und Bars umgebaut, dazu mit Freelancing-Ladies bzw. nicht registrierten Mädels besetzt, weshalb, auch zur Freude von Tom und seinen Kollegen in dieser einst vergessenen Region ein buntes Treiben herrschte.

Für die Musiker war das Arbeiten auf Flugplätzen stets interessant, da es reichlich Kommunikation zwischen ihnen und US-Jazzfans gab. Die Schwarzen hörten Adderley, Horace Silver, Sonny Rollins und Miles Davis, die Weißen häufiger West-Coast-Jazz von Gerry Mulligan/ Chet Baker bis Stan Getz und Stan Kenton.

Im NCO-Club kam Tom mit einer etwa 25jährigen, attraktiven Düsseldorferin ins Gespräch, deren Hochzeit mit einem Sergeant reiferen Alters in Kürze stattfinden sollte. Die beiden waren regelmäßig Gäste im Club, und in den Pausen suchte sie meist das Gespräch mit Tom, auf den sie offenbar ein Auge geworfen hatte, gelegentlich zog sie ein Foto aus der Handtasche, welches sie als 18jährige Schönheitskönigin von Düsseldorf zeigte.

Am letzten Tag des Monats und auch des Engagements erschien die Hochzeitsgesellschaft nach der vollzogenen Trauung abends im Club, um zu feiern. Auch der Band wurden im Laufe des Abends einige Runden spendiert, wobei der Ehemann im Freudentaumel zu viel Whisky und Bier in sich hineinkippte und gegen 23 Uhr total besoffen vom Stuhl fiel und auf dem Boden liegen blieb. Die kleine Gesellschaft löste sich schnell auf, und der frisch gebackene Gatte wurde als Schnapsleiche von einigen Kameraden hinausgetragen. Die Braut schloss sich dieser seltsamen Prozession an und winkte Tom zum Abschied noch einmal zu.

Als die Band um Mitternacht ihre Instrumente eingepackt hatte und Tom, der noch ein Date hatte, den Club verließ, stand die schöne Braut neben dem Eingang im Schatten an der Hauswand. Tom fragte erstaunt: „Ganz allein hier?“ Sie sagte: „Ich bin noch einmal zurückgekommen“. Darauf Tom, bei dem es spontan klickte und der sofort sein Date vergaß: „Kommst du mit?“ Sie nickte stumm, und die beiden fuhren durch die nächtliche Dorfstraße zu Toms Behausung, wo sie gemeinsam eine zünftige Hochzeitsnacht zelebrierten, wenn auch zeitlich etwas eingeschränkt, da die Braut auch mal wieder ins eigene Bett musste, um beim Erwachen des Suff-Gatten wenigstens anwesend zu sein. Tom fuhr sie nach Hause, und somit endete dieses Engagement für ihn mit einer Hochzeitsnacht der besonderen Art, sozusagen als Double. Man könnte auch sagen als Stuntman.

Die Band wird aufgelöst .

Noch einmal zurück nach Frankreich: Etain/Airbase, Nancy, Toul, Evreux und Dreux, wo Tom seine Band wegen mangelnder Anschlussverträge auflösen musste, da Frankreich zu diesem Zeitpunkt aus dem Nato-Bündnis ausstieg und die Amerikaner nach und nach ihre Stützpunkte räumten.

Tom Wohlert Quartett mit Tilda Lee in Evreux

Tom stieg vorübergehend in ein Bar-Trio ein: Zwei Monate eine Knochenmühle in Dortmund. Danach zwei Monate Bad Pyrmont „Kursaal", ziemlich spießig, aber erholsam. Hier äußerten Gäste bisweilen Musikwünsche und honorierten sie häufig mit Bargeld.

Ein Gast, der immer wieder „La Paloma" wünschte, zückte jedes Mal einen 20.-DM-Schein, riss ihn sorgfältig in der Mitte durch, überreichte der Band die eine Hälfte und sagte: „Wenn Sie schön gespielt haben, bekommen Sie auch die andere Hälfte." Die Musiker mussten diese Demütigung wohl oder übel über sich ergehen lassen und klebten immer wieder die Scheine zusammen. Tom sammelte seinen gesamten Nebenverdienst und kaufte mit einer gewissen Genugtuung für das Geld Platten von Bach, Bartok, Hindemith bis Coltrane, Dolphy und Bill Evans, immer nach der Devise: „Scheiße zu Gold!"

Anschließend die „Blue-Bar" in Soest, wo das Podium so klein war, dass ich, Ray, beim Spielen nur aufrecht Platz fand. Wenn Tom beim siebenstündigen Dienst des Stehens müde sitzend Gitarre spielte, lag ich vor dem Podium auf der Tanzfläche, wo ich zeitweilig dem Publikum als Sitzgelegenheit diente und des Öfteren von den Tanzenden einen Tritt abbekam. Nach zwei Monaten in einer Würzburger Bar spielte das Trio in Frankfurt an der Kaiserstrasse in einem bordellähnlichen Laden mit viel lichtscheuem Publikum.

Tom hatte von dieser Umgebung bald die Nase voll. Zum gleichen Zeitpunkt spitzte sich auch die Kuba-Krise zu.

Er verließ das Trio und spielte mit dem Gitarristen Bill Lawrence einen Monat beim AFN-Frankfurt in einer Country- Band Kontrabass für $10.- pro Show. Hätte er einen E-Bass gehabt, wäre der Auftritt mit $15.- honoriert worden, aber Tom hatte zu diesem Zeitpunkt ein derartiges ihm völlig fremdes Gerät noch nie in seinen Händen gehabt. Zudem meinte der Manager, sein Haarschnitt sei nicht stilgerecht („He looks too jazzy!"), worauf Tom vor jedem Auftritt in der Toilette seine Haare anfeuchtete und nach hinten kämmte, so dass sie letztlich weisungsgerecht nach oben standen und er im erwünschten Country-Look auftreten konnte. Aber auch dieser Monat ging vorüber, denn die verstärkt gekratzte Hill-Billy-Geige, vor deren Lautsprecher Tom stehen musste, war für ein sensibles Gehör auf Dauer nicht zu ertragen.

1963:
Würzburg, und zurück in amerikanische Clubs

Es folgte ein Angebot mit Einjahresvertrag von einer guten Würzburger Clubband, den „Four Bennies" im dortigen „Top- Five"- Club mit den üblichen 4 Stunden Präsenzzeit und drei freien Tagen in der Woche bei sehr guter Gage. Tom blieb dort etwa fünf Jahre. In dieser Zeit entschloss er sich endlich, sich mit dem Bass-Schlüssel anzufreunden, kaufte eine Bass-Schule, übte und besuchte als Hospitant das Bayerische Staatskonservatorium, wodurch sich Fingersatz und Intonation merklich besserten. Neben der Clubband gab es noch ein Jazz-Quintett, welches in Studentenkellern und auf Jazz-Veranstaltungen und Festivals spielte. Tom verfügte allmählich über eine halbwegs passable Bogentechnik, und er scheute sich nicht, Bass-Soli auch zu streichen. Paul Chambers lässt grüßen!

Allmählich kam der E-Bass in Mode, und ich geriet als Kontrabass nach und nach ins Abseits. Letztendlich, etwa 1965, kam ich nicht mehr zum Einsatz, da die Band die Besetzung änderte und als teilweise neu formiertes Quintett etwa ein Jahr lang unter dem Namen „Jolly Five" erfolgreich internationale Popmusik spielte und häufig in der Schweiz gastierte. Kein Wunder, dass für mich, Ray, damals keine Zeit blieb. Zur Entspannung bzw. Abwechslung wurde ich hin und wieder mal angespielt. Oder war es etwa Nostalgie?

Irgendwann blieb die Putzfrau in ihrem Arbeitseifer mit dem Besen an mir hängen, und ich knallte der Länge nach auf den harten Marmorboden, wobei mein Hals zum zweiten Mal brach und auch die Schnecke plus Mechanik in mehrere Teile zersplitterte.

Als Tom bald darauf die Wohnung betrat, sagte diese grenzenlos dumme, von allen guten Geistern verlassene Person, die alte Holzkiste dort in der Ecke sei umgefallen, ob das wichtig wäre?

Tief, tief durchatmen!

Die Putzfrau wurde nach diesem Event aus dem Hause verbannt. Später ließ Tom mich in Bubenreuth reparieren. Danach konnte ich wieder die Wohnung schmücken. Natürlich kam auch der Gedanke auf, mich evtl. zu verkaufen. Tom fragte sich nur, an wen? Nach all den gemeinsamen Jahren mit Höhen und Tiefen fällt eine Trennung schwer, es sei denn, es fände sich ein guter Bassist, zu dem er eine menschlich-kollegiale Beziehung hätte und sicher sein könnte, mich sozusagen in guten Händen zu wissen.

Kontrabässe unterliegen kaum einem Zeitgeschmack ähnlich Violinen und Celli und überleben mit einigem Glück mehrere Besitzer und auch Generationen. Ich denke, Tom wird zunächst von einem Verkauf absehen und mich auf keinen Fall an irgend einen wohlhabenden Banausen verhökern, denn solche Leute wären durchaus in der Lage, in einem Kontrabass Blumen zu pflanzen, ihn in ein Bücherregal oder einen Pfeifenschrank umzufunktionieren oder in der Art eines Bauernschrankes zu bemalen.

Es soll übrigens auch Menschen geben, die nicht fähig sind, einen Kontrabass von einem Cello zu unterscheiden. Man könnte es ihnen so erklären: Ein Kontrabass brennt länger!

****

Da ich, „Ray", als Kontrabass nun endgültig auf das Abstellgleis verbannt wurde, konnte ich am aktiven Musikgeschehen nicht mehr teilhaben, so dass Tom von jetzt an seine Story und den weiteren Fortgang der Dinge selbst erzählen muss,

*Jay Five: hinten v. links: Dieter Blahak, Tom Wohlert,
vorne v. links: Elmar Kast, Joe Voggenthaler, Eric Thöner*

1966: Bill Ramsey and „The Jay Five"

Im Jahre 1966 begleitete die in Würzburg ansässige Pop-Gruppe „The Jolly Five" bei einem ihrer zweiwöchigen Gastspiele in Zürich den Star-Gast Bill Ramsey. Er war von der Zusammenarbeit mit der Gruppe derart begeistert, dass er spontan einen Vorspieltermin bei seinem Produzenten Heinz Gietz im Kölner Polydor- Studio arrangierte.

Die Gruppe erhielt daraufhin einen Plattenvertrag bei der Firma „Polydor" und wurde auf Initiative von Bill Ramsey in „The Jay Five" umbenannt. Die fünf Musiker hießen seitdem Jay, Joe, Jiggs, Jock und Jerry. Ihre amtlich-bürgerlichem Namen lauteten in der obigen Reihenfolge: Eric Thöner, Joe Voggenthaler, Dieter Blahak, Tom Wohlert und Elmar Kast.

Die Gruppe traf sich mit Heinz Gietz und Wolfgang Hirschmann im Frankfurter Pfalzgraf-Studio, um eine LP mit zwölf internationalen Pop-Titeln aufzunehmen.

Da noch keine Mehrspurtechnik verfügbar war, wurden die Playbacks einspurig aufgenommen, wobei z.B. die Bass- Drum und der E-Bass mit nur einem Mikrofon aufgenommen wurden und man eine ausgewogene Balance mit dem Lautstärkeregler des Bassverstärkers erreichte. So spielten wir aus unserem Repertoire 12 Titel ein, die wir natürlich perfekt auswendig kannten, denn eventuelle Spielfehler konnten, im Vergleich zur späteren Mehrspurtechnik, nicht korrigiert werden. Am nächsten Tag wurden die Playbacks drei- bzw. vierstimmig besungen, indem das Playback von der ersten auf eine zweite Maschine kopiert und der Gesang dazugemischt wurde.

Heinz Gietz konnte die fertige Produktion am Abend des zweiten Tages mit nach Köln nehmen, und die Platte wurde als „Beat 66" auf „Polydor" veröffentlicht.Kurz danach gründete er das Platten-Label „Cornet", und die Gruppe fuhr regelmäßig von Würzburg nach Köln, um dort mehrere LPs und Singles aufzunehmen. An dieser Stelle sollte erwähnt werden, dass es für die Gruppe und auch für deren Zukunft ein Glücksfall war, von dem Super-Team Gietz/Hirschmann produziert zu werden.

Bill

Tom, Bill. Joe

Filmaufnahmen für „The Other Side of Summer" mit Bill Ramsey

Die „Jay-Five" wurde aufgrund der zunehmenden Popularität vom WDR- Köln für eine Produktion plus Konzert engagiert, wobei die Gruppe vom Tanzorchester Werner Müller und den Streichern des Rundfunkorchesters unter Kurt Cremer begleitet wurde. Es waren 4 Gesangstitel, die Rob Pronk wie gewohnt hervorragend arrangiert hatte.

Im großen WDR Sendesaal 1 hatten wir unsere Instrumente plus Mikrofonanlage neben den beiden Orchestern aufgebaut, um alles Live einzusingen und zu spielen. Als wir im Foyer und im Gang zum Studio WDR- Personal und Orchestermusikern begegneten, wurden wir etwas weltfremd angestarrt, und einen hörte man sagen: „Hast du das Gesehen, so etwas in unserem Hause!" Man muss dazu bemerken, dass die Band auch privat auffallend gut und modisch gekleidet war und die Haartracht in gemäßigter Form etwa den Pilzköpfen der Beatles glich. Doch in diesem Kulturtempel herrschte offenbar noch der Mief aus alten Zeiten.

Als die beiden Orchester die Titel durchgespielt bzw. geprobt hatten, wurden wir auf die Bühne gebeten, um gemeinsam einen Probedurchlauf zu machen. Ich musste sehr nahe an den Streichern vorbeigehen, während mir einer gedämpft zurief: „Noten müsste man kennen, was!" Ich konnte ob dieser dummen Bemerkung nur den Kopf schütteln. Nachdem wir den ersten Titel beendet hatten, erhielten wir allerdings von beiden Orchestern einen nicht erwarteten Applaus. Mit unserem vierstimmigen Satzgesang und der ausgewogenen Instrumentalbegleitung hatten wir offenbar auch die letzten Betonköpfe überzeugt.

Als alle Titel aufgenommen waren, kam der bekannte Rheinische Sänger Willy Schneider auf mich zu, ergriff meine Hand und sagte mit strahlendem Gesicht: „Das war eine wunderbare Musik, die Sie gespielt haben, machen Sie so weiter, mein Junge!" Ich sagte ihm, dass ich ihn schon in den frühen 50er Jahren im Radio gehört hätte, was ihn offensichtlich sehr freute. Zu diesem Zeitpunkt konnte ich noch nicht ahnen, dass ich Willy Schneider einige Jahre später im Studio regelmäßig bei seinen Aufnahmen begleiten würde. Das WDR Live-Konzert fand wenige Tage später in der Duisburger „Mercatorhalle" mit großem Erfolg statt.

Jay Five 1968

1968: Tournee in der CSSR

Im August 1968 machte die Jay- Five zusammen mit Bill Ramsey als Gast-Star eine Tournee durch die CSSR. Um keine Zweifel aufkommen zu lassen: Bill sang nicht die „Zuckerpuppe" oder „Pigalle", sondern eigene soul- und blues-orientierte Nummern, die wir gemeinsam mit ihm erarbeitet hatten und die auf dem „Cornet"- Label veröffentlicht wurden.

Es hatte sich vom Beginn der Zusammenarbeit zwischen uns ein freundschaftliches Verhältnis entwickelt, und wir waren in Zürich häufig zu Gast in Bills mit Kunstwerken reich ausgestatteter Wohnung, wo wir von seiner Frau mit erlesenen Speisen bewirtet wurden.

In der CSSR angekommen sprach man zwar von russischen Manövern in der Nähe der Grenze, aber wir machten uns darüber keine Gedanken, schließlich waren wir mit unseren Auftritten beschäftigt und genossen den Erfolg und die Sympathien, die man uns entgegenbrachte, nicht zu vergessen einige Privilegien, die man im Ostblock westlichen Gästen mit einem so genannten kulturellen Auftrag einräumte.

Nachdem wir in Kosice an der russischen Grenze ein Konzert gespielt hatten und nach einem feudalen Essen inklusive reichlich Pilsner Urquell in unsere Betten fielen, wurde die verdiente Nachtruhe gegen 5 Uhr morgens durch lauten Schwerverkehr auf der nahe dem Hotel vorbeiführenden Hauptstrasse unterbrochen. Nach einer Weile wankte ich schlaftrunken ans Fenster, um es zu schließen und erblickte statt Lastwagen russische Panzer vom Typ T 34. Kurz darauf klopfte unsere Tournee-Leiterin an die Zimmertür und rief: „Aufstehen und packen, die Russen sind da, wir müssen abfahren!"

Es war der 20. August 1968, der ein geschichtlich denkwürdiger Tag werden sollte und das Ende des Prager Frühlings unter Alexander Dubcek einleitete.

Der Bus, ein ziemlich altes, klappriges Modell, konnte gerade noch voll getankt werden, denn die Tankstellen wurden von den Russen nach dem Einmarsch sofort okkupiert.

Die Fahrt in Richtung Bratislava, wo wir unsere Autos vor dem Hotel geparkt hatten, gestaltete sich einigermaßen abenteuerlich, denn unser Bus musste auf der engen Landstraße ständig die Panzer überholen, die sich nicht immer vorschriftsmäßig rechts hielten. Im linken Straßengraben sah man zuweilen Autos liegen, die von einem der Ungetüme, absichtlich oder unbewusst einen Body-Check erhalten hatten. Unsere Tournee-Leiterin bat uns deshalb dringend, möglichst nicht aus dem Busfenster zu schauen oder die eher grimmig dreinblickenden Russen durch Gesten oder Grimassen zu provozieren.

Milan, unser Fahrer, entschied sich kurzerhand einen Umweg durch die Karpaten zu fahren, wo wenig Verkehr und vor allem keine Panzer waren. Wir machten in einer kleineren Stadt eine Pause, versorgten uns wegen des in Kosice ausgefallenen Frühstücks mit Lebensmitteln und kauften in einem Fotogeschäft zum Erstaunen des Inhabers mindestens fünf Kameras der DDR- Marke „Exakta" plus Zubehör. Wir mussten unser Taschengeld kurzfristig ausgeben, denn im Westen hätte keine Bank diese Ost-Währung eingetauscht.

Am späten Abend erreichten wir schließlich Bratislava. Die Russen waren auch schon da und hatten auf dem Dach des Hotels Posten bezogen. Mein alter Mercedes stand unversehrt da; sogar der Stern war noch dran.

Am nächsten Morgen wurde unser Frühstück durch nahes Maschinengewehrfeuer unterbrochen, und wir suchten in Sekundenschnelle Deckung auf dem Boden unter den Tischen. Nachdem sich die Schießerei beruhigt hatte, erfuhren wir, dass ein CSSR-Soldat von der Straße her einen auf dem gegenüberliegenden Kirchturm postierten Russen erschossen hatte, den man über der Brüstung hängen sah, worauf die Russen spontan mit Maschinengewehrfeuer reagierten.

Wir packten eilig unsere Sachen, schenkten unser verbliebenes Bargeld in Landeswährung der Reiseleiterin, dem Busfahrer und Paul Polanski, dem Agenten. Anschließend fuhren wir gemeinsam in Kolonne Richtung Grenze, über die wir ohne Schwierigkeiten das Land verlassen konnten, denn man war sichtlich bemüht, Zeugen dieser sowjetischen Intervention nicht länger im Lande zu haben. Danach ging es in Richtung Wien, wo die Jay- Five mit Bill Ramsey in einem Hotel wieder zusammentraf.

Bill, der als freiheitlich denkender Amerikaner derartige politische Gewaltakte oder gar Kriege nie erlebt hatte, war besonders geschockt von den Erlebnissen der letzten Tage. Wir bedauerten das abrupte Ende unserer Tournee, waren aber letztlich froh, dieser kriegsähnlichen Situation unversehrt entkommen zu sein.

In Bill reifte nach diesen Erlebnissen die Idee, zusammen mit der „Jay-Five" eine Single zu produzieren, deren Reingewinn als Hilfsaktion den Flüchtlingsstudenten zukommen sollte. Die beiden Titel waren tschechoslowakische Volkslieder, die zu Pop-Songs umarrangiert unter dem Titel „Czeck- up" veröffentlicht wurden.

„Czeck-up" ist ein Wortspiel mit dem Englischen Ausdruck
„check up" und bedeutet so viel wie *„Hoch die Tschechoslowaken"*.

Im Herbst 1968 siedelte die „ Jay-Five" endgültig nach Köln über und wurde als Rhythmusgruppe und Background-Chor immer häufiger für Aufnahmen verpflichtet, allerdings anonym, denn die Gruppe stand bei „Cornet" exklusiv unter Vertrag. Die ständige Nachfrage von vielen Produzenten basierte auf der Popularität der Band, die mit exzellentem Satzgesang, klanglich von den „Four Freshmen"- und „Beach-Boys" geprägt, aufwarten konnte und in diesen Jahren als beste Pop-Gruppe im Lande gehandelt wurde. Häufig bildeten wir mit den Sängerinnen des Botho Lukas- oder Günter Kallmann-Chors einen gemischten Klangkörper und sangen oder spielten für die Stars der überwiegend deutschen Schlager- und Pop-Szene. Unter anderem bildeten wir eine solide Gesangsbasis für die Fischerchöre.

Zahlreiche Werbe-Spots für Waschmittel, Margarine, Babynahrung, Autowachs und Coca Cola wurden eingespielt und besungen. Beim Coca Cola-Spot lautete der Refrain: „Mann, ist das ein Ding, Coca Cola hat Swing!" Die Agentur und etliche Testpersonen empfanden den Text als leicht vulgär, da fast jeder dachte: „Mann, hat der ein Ding!". Also wurde die Gruppe einige Tage später noch einmal ins Studio bestellt und sang: „Hey, ist das ein Ding, Coca Cola hat Swing!".

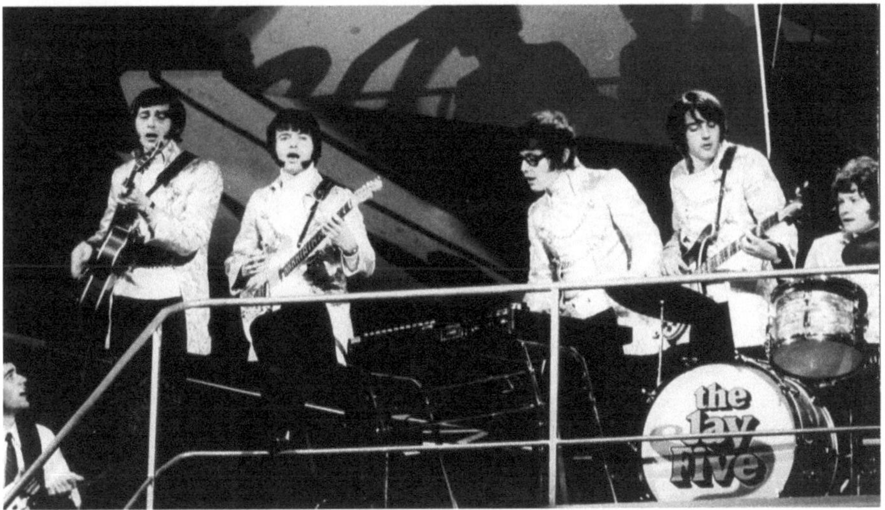

Jay Five: Sylvester Show ARD 1968

Trevira 2000

Jay Five auf Abwegen

Peter Maffay war ein Fan der „Jay- Five" und wurde in einigen Konzerten von der Gruppe begleitet, da er zu dem damaligen Zeitpunkt noch keine eigene Band hatte.

Und da die Gruppe auch optisch gut ankam, wurde sie von einer bekannten Textilfirma sozusagen als Dressmen verpflichtet, eingekleidet und für Modezeitschriften abgelichtet.

Die am meisten gebuchten Studios in Köln waren das firmeneigene EMI-Elektrola- Studio, das Polydor- Studio und das Ariola- Studio. Letzteres wurde auch für Fremdproduktionen benutzt wurde. Mit der „Jay-Five" nahmen wir hier mehrere LPs und etliche Singles auf und machten Produktionen unter anderem mit Bill Ramsey und Graham Bonney.

Der Farben-Fabrikant und Ehemann der Sängerin Margot Eskens baute das überdimensionierte „Rhenus- Studio", wo ich die Clarke-Boland-Band bei Aufnahmen kennen lernte. Wolfgang Hirschmann war der Tonmeister und hatte mich und meine Band-Kollegen zum Zuhören eingeladen. Auch die „Jay- Five" nahm hier mit Heinz Gietz mehrere LPs auf, machte Werbespots und wurde als Begleitband mit einer Vielzahl von Gesangssolisten für Produktionen verpflichtet.

Darüber hinaus gab es noch etliche kleinere Studios, in denen Film-Musiken, Kinderfunk, Werbespots und vieles mehr realisiert wurden.

Heinz Gietz, bis dahin Chefproduzent bei Polydor und Elektrola gründete 1968 das Cornet- Label und baute 1970 mit Wolfgang Hirschmann das Cornet-Studio auf, welches sich als Top-Adresse etablierte und zum Treffpunkt internationaler Stars wurde. Auch die von Gigi Campi und Hirschmann ins Leben gerufene Clarke-Boland-Bigband wurde neben vielen anderen Jazzproduktionen hier aufgenommen.

Die Kölner Studiomusiker und ihr Koordinator Ferdy Klein, man nannte das Ganze auch „Studio-Mafia", waren von dem Erscheinen der „Jay- Five" in Köln alles andere als begeistert, und Ferdy Klein versuchte, Produzenten unter Druck zu setzen, indem er ihnen keine Bläser und Streicher vermittelte, wenn wir als Rhythmusgruppe gebucht waren. Langfristig konnten sich diese Boykottversuche nicht durchsetzen und die Band wurde phasenweise integriert.

1971/72: Tournee mit der Rockoper „Tommy"

1971/72 machten wir mit der „Jay-Five" mehrere Tourneen und führten die Rockoper „Tommy" von der englischen Rockgruppe „The Who" auf. Insgesamt wurden etwa hundertachtzig Konzerte gespielt, die meist in Opernhäusern und Konzerthallen zur Aufführung kamen. Deutschland, die Niederlande, Belgien und Skandinavien wurden bereist.

In den Jahren davor hatte ich mir ein Schlagzeug zugelegt, weil mich nach langer Zeit 'mal wieder das Trommelfieber packte. Ich übte intensiv und erarbeitete zusammen mit Dieter Blahak ein Stück für zwei Schlagzeuge, bei dem wir, abgesehen von solistischen Parts a la Drum-Battle, überwiegend durcharrangierte Teile sozusagen unisono spielten. Abgesehen von der Freude beim Spielen bildete diese Nummer, zum Teil auch vom Show-Effekt her meist den krönenden Abschluss der Konzerte.

Das Big-Band-Meeting

Im Kölner Sartori- Saal war ein Konzert mit drei Big-Bands angesagt und zwar der Clarke-Boland Band, dem Orchester Kurt Edelhagen und der Thad Jones- Mel Lewis Band. In dieser Reihenfolge traten die mit internationalen Solisten gespickten Bands auch auf, wobei die Clarke-Boland Band hervorragend spielte und auch permanent die lauteste war. Francy Boland daraufhin angesprochen meinte zum Thema Dynamik: „Bei uns gibt es nur Forte (in der Notation mit f bezeichnet) und Fortissimo (ff)“, also laut und sehr laut.

So ganz nebenbei: Leonard Bernstein hatte in der Partitur seiner „Westside-Story“ eine Passage mit fff versehen. Bei einer Probe fragte ihn der Konzertmeister: *„Maestro, what means three f ?“* Bernstein antwortete: *„That means fuckin` loud!“*

Aber zurück zum Konzert. Kurt Edelhagen, nach seinem Break Down wieder genesen, erschien strahlend umgeben von einem Blumenmeer seiner Fans auf der Bühne und leitete souverän seine mit Top-Solisten besetzte Band. Diese konnte aufgrund ihres langjährigen Bestehens mit äußerst präziser Satzarbeit aufwarten, spielte hervorragend und klang sehr kompakt.

Die Thad Jones- Mel Lewis Band spielte, da die beiden Vorgänger-Bands die gesamte Bühne vereinnahmt hatten, unterhalb der Bühne im Zuschauerraum. Die Band war kaum oder gar nicht verstärkt und spielte äußerst dynamisch. Man musste erst einmal die Ohren aufsperren, um zu hören, was diese Superband zu bieten hatte.

Neben mir saßen Erich Becht und Heinz Gietz, der sich schon nach den ersten Takten auf die Schenkel klopfte und lachend sagte: „Ha, ha, jetzt kommen die echten Profi-Motherfucker!“

Diese Band spielte unglaublich entspannt und dabei äußerst intensiv. Hier erlebte ich zum ersten Mal live Mel Lewis am Schlagzeug mit Sir Roland Hanna (Piano) und Richard Davis (Bass) und die weiteren Solisten Joe Henderson, Eddie Daniels, Pepper Adams, Jimmy Knepper, Thad Jones, Al Porcino, Snooky Young etc. Insgesamt gesehen ein Super-Konzert und nicht nur für mich ein einmaliges Ereignis!

1972, während einer kurzen „Tommy"-Tournee-Pause, wurde ich vom WDR angerufen, um mit dem Orchester der Nordwestdeutschen Philharmonie unter der Leitung von Heinz Geese in Bad Salzuflen ein Konzert zu spielen. Ich hatte bis zu diesem Zeitpunkt noch nie als Gitarrist in einem Orchester unter einem Dirigenten gespielt und war nicht gewohnt, obgleich halbwegs notenkundig, auf einer Bühne nach Noten zu spielen. Eine Popgruppe dagegen lernt Arrangements und ganze Programme auswendig, um bei ihrer Performance frei agieren zu können.

Die Orchestermusiker musterten mich langhaarigen Neuling leicht misstrauisch, außer Hans Rettenbacher, dem Bassisten, der auch eine lange Mähne hatte. Er fragte mich, was ich so mache, und ich erzählte ihm von der Tommy-Tournee, meinem Kontrabass Ray und meinem Interesse am Jazz etc. Er meinte in seiner Wiener Art, ich solle das alles hier nicht zu ernst nehmen, wir beide seien hier sowieso die einzigen normalen Typen auf der Bühne. Trotzdem schaute ich mir die ungewohnten Noten noch gründlich an, und dann trank ich mit ihm, der sonst regelmäßig mit Friedrich Gulda im Trio und später bei Paul Kuhn in Berlin spielte, das eine und andere Bier. Nach dem Konzert bot mir der Dirigent Heinz Geese an, künftig bei ihm zu spielen. Als ich ihm sagte, dass ich zurzeit noch mit der „Jay-Five" auf Tournee sei, strahlte er und sagte, er hätte zwei LPs von uns und sei stolz, einen Musiker dieser Band in seinem Orchester begrüßen zu können. Wenn das Ganze auch übertrieben klang, so floss das Kompliment in dieser Situation wie eine seidene Krawatte über meine Brust.

Nachdem die „Tommy"-Tourneen beendet und auch zwischenzeitlich einige Änderungen in der Besetzung erfolgt waren, begann die Jay-Five sich aufzulösen, teils wegen mangelnder Auftrittsmöglichkeiten, andererseits wegen unterschiedlicher Zukunftsplanungen, so dass jedes Bandmitglied letztlich seinen eigenen Weg ging.

Ich spielte im Kölner Opernhaus die „Westside Story" und die „Drei Groschen Oper" und am Theater in Wuppertal die Operette „Feuerwerk". Vom WDR wurde ich immer häufiger als Gitarrist für das Rundfunkorchester bestellt, wo besonders die Streicher mich offenkundig als Fremdkörper einstuften und einige Zeit nicht grüßten. Die Bläser, Bassisten und Perkussionisten machten diesbezüglich eine Ausnahme.

Auch der 1. Flötist grüßte nie und stimmte sein Instrument seit zwanzig Jahren zu hoch ein, wie mir der 2. Flötist erzählte, der aber den anderen auf dieses Manko nicht hinweisen konnte, weil die Rangordnung es nicht zuließ. Übrigens: Beide Kollegen waren nach 20 jähriger Zusammenarbeit immer noch per „Sie".

Der Harfenist Jonny Teupen, als jazzambitionierter Musiker und Kampftrinker bekannt, erzählte mir auf den 1. Flötisten angesprochen, dass der sich einmal vor Dienstbeginn auf seiner Flöte einblies, während Jonny seine Harfe stimmte und dieser daraufhin brüllte: „Wenn du nicht sofort aufhörst, auf deiner Scheißflöte zu spielen, werfe ich dir die Harfe an den Kopf!" Die beiden haben danach nie wieder ein Wort miteinander gewechselt, und Jonny wurde nicht mehr beim Harfe-Stimmen von der Flöte gestört.

Er besaß übrigens einen Bungalow in Frankreich an der Cote d'Azur, wo er stets seine Ferien verbrachte und auch immer hinfuhr oder flog, wenn laut Produktionsplan eine Woche oder länger keine Harfe besetzt war. Zudem schmeckte ihm dort, wie er mir verriet, der Rotwein am allerbesten, und er konsumierte Unmengen davon. Einer meiner Kollegen hatte ihn einmal besucht, zweifelte aber zunächst an der Richtigkeit der Adresse, weil sich im Vorgarten und an der Seite des Bungalows eine unübersehbare Menge an Kisten mit leeren Weinflaschen auftürmte und das Anwesen eher einem Getränkemarkt glich.

Jedenfalls war Jonny Teupen in diesem Lande der Harfenist Nr.1, und ich hatte einige Jahre später die Gelegenheit, ihn in kleinen Besetzungen, unter anderem mit Paul Kuhn und Helmut Zacharias bei WDR- Konzerten zu begleiten.

Zurück zum Rundfunkorchester. In den Pausen wurden in der Anfangsphase einige Male die Regler an meinem Verstärker verstellt, doch ich nahm es einigermaßen gelassen hin, bis man schließlich zu der Einsicht kam, mich als Musiker oder Kollegen zu akzeptieren, worauf diese infantilen Aktionen ausblieben. In diesem Orchester musste ich mich, dem Rat des Bassisten und des Schlagzeugers folgend, daran gewöhnen, auch bei rhythmisch durchlaufenden Titeln wie Slow- Fox, Tango oder Beguine Rubato zu spielen, genauer gesagt: Das Tempo schwankte je nach Bedarf. Besonders bei Streicher-Aufgängen wurde es langsamer, dann wieder etwas schneller, und man musste auf den Dirigenten schauen oder einfach die Ohren aufsperren, um diese Wackelpartien durchzustehen.

In Recklinghausen fand eine Konzertveranstaltung des WDR mit verschiedenen Sängern und Schauspielern der Kölner Oper und dem Rundfunkorchester unter der Leitung von Heinz Geese statt.

In der Rhythmusgruppe spielte ich mit Heinz Greven am Bass, Hans Doelle am Schlagzeug und Norbert Schultze am Piano, der unter anderem die bekannte von Lale Andersen gesungene Landser-Hymne „Lili Marlen" komponiert hatte und damit zu Ruhm und Ehren gelangt war. In den Pausen erzählte er mir Geschichten aus den 30er Jahren, wo er als gefeierter Komponist gemeinsam mit den Nazi-Größen an der Ostsee das Strandleben genießen durfte oder musste. Allerdings lag er mit seiner attraktiven Frau, einer ungarischen Schauspielerin, in gebührendem Abstand zu den Oberbonzen in der hinteren Reihe.

Joseph Goebbels, Propagandaminister des dritten Reiches und für die kulturellen Bereiche zuständig, war in der Filmbranche bei den Schauspielerinnen als hässlicher Gnom und Schürzenjäger bekannt und gefürchtet. Er fragte Norbert Schultze, weshalb er nicht mit seiner charmanten Begleiterin in der vorderen Reihe am Wasser liegen würde. Der erklärte ihm, dass seine Frau Ungarin und deshalb eine unerwünschte Person sei. Goebbels, ein mit allen Privilegien ausgestatteter Machtmensch, meinte großzügig, man könne in diesem Fall wirklich eine Ausnahme machen und bat Schultze, mit seiner reizenden Frau zu ihm in die vorderste Reihe zu kommen. Diese Einladung konnte Schulze natürlich nicht ausschlagen, und es kann bezweifelt werden, ob die beiden sich dort in der vordersten Reihe wirklich wohl fühlten. Goebbels galt nicht nur in der Berliner Film-Metropole Babelsberg als unverbesserlicher Weiberheld, sondern auch in Regierungskreisen, weshalb Hitler ihn intern als „Den Bock von Babelsberg" bezeichnete.

Zu Beginn der Proben in Rechlinghausen fragte der 1. Geiger und Konzertmeister seine Orchesterkollegen: „Sagt mal, sitzt ihr wirklich bequem?" Die Antworten fielen zwar unterschiedlich aus, aber er fragte trotzdem den Inspizienten, ob das hier eine neue Bestuhlung sei, was dieser mit einem gewissen Stolz bejahte. Darauf der Konzertmeister: „Vor ungefähr einem Jahr haben wir hier bequemer gesessen, gibt es noch die alte Bestuhlung?" Der Inspizient sagte, die Stühle seien in einem Raum hinter der Bühne gelagert. Daraufhin wurde auf Wunsch des Orchesters beschlossen, diese gegen die neuen auszutauschen, was etwa eine Stunde dauerte.

Die Orchester-Musiker gingen ins Cafe, genossen die willkommene Pause und hatten anschließend das zufriedene Gefühl, ihre Musikbeamten-Gesäße für die Dauer der Probe und des Konzerts bequemer platzieren zu können. Viele dieser Musiker spielen übrigens nebenbei auf Hochzeiten oder Beerdigungen –auch Gruftmucken genannt- und ertragen grelle Beleuchtung, Zugluft und Kälte, ohne sich zu beschweren.

Ich saß mit der Rhythmusgruppe neben dem Orchester, getrennt durch einen sehr schmalen Gang, über den die Solistinnen und Solisten die Bühne erreichen konnten. Sie defilierten hautnah an mir vorbei, und ich musste jedes Mal meine Gitarre aufrecht halten, weil der Hals sonst wie eine Schranke den Durchgang versperrt hätte.

Der Regisseur verriet mir während einer Kaffeepause, dass er den Redakteur gefragt hätte, ob ich mit der Situation einverstanden sei, worauf der geantwortet haben soll: „Das ist ein freier Mitarbeiter, der macht das schon". Ich machte aus der Situation für mich das Beste und vergaß zuweilen absichtlich, besonders bei den weiblichen Akteuren, meine Gitarre in die erwünschte Haltung zu bringen. Eine der Sängerinnen kniff mich, mit den Augen zwinkernd, im Vorbeigehen ins Knie, weshalb ich mich nach ihrem Auftritt revanchierte und sie in den Oberschenkel kniff, worauf durch einen Teil des Orchesters ein nicht zu überhörendes empörtes Raunen ging. Die weitere Entwicklung des Geschehens sollte hier nicht näher erläutert werden.

Ich wurde einmal ins Studio 7 bestellt, um mit einer Streichergruppe plus Rhythmusgruppe mit Francis Copieters Piano, Jean Warland E-Bass und Ronnie Stevenson am Schlagzeug einige Titel aufzunehmen. Der erste Titel war eine schnelle, man könnte auch sagen eine flotte Nummer, bei der die Streicher, die ausschließlich längere Noten zu spielen hatten, schon nach wenigen Takten hinterher hinkten und ausstiegen, worauf der Dirigent einen zweiten Versuch startete, der auch daneben ging. Die Streicher meinten, wir würden uns beim Spielen nicht nach ihnen richten.

Das war der Punkt, wo Ronnie Stevenson ausrastete indem er rief: „What the hell do you want?! Spielt gefälligst das vorgegebene Tempo und hört auf uns. Dies ist die beste Rythm-Section von Köln und die spielt straight ahead das Tempo!" Wir schauten daraufhin in die leicht verstörten Gesichter der an Rubato gewöhnten Streicher und baten den

Dirigenten, etwas energischer seines Amtes zu walten, um die geigenden Kollegen auf den Punkt zu bringen, was nach mehreren Versuchen auch einigermaßen gelang. Die folgenden Titel, Slow- bis Medium-Tempo, konnten dann ohne größere Probleme bewältigt werden.

Albert Vossen und seine Rhythmiker

Ein in der Kölner Rundfunkszene sehr geschätzter Musiker war der Akkordeon-Solist und Bandleader Albert Vossen, der mit seiner unverkennbaren Spielweise und dem speziellen Register auf seinem Instrument, auch Vossen-Register genannt, ein Vorbild für die meisten Akkordeonisten war, abgesehen von US-Stars der Jazz-Szene wie Joe Mooney oder Art van Damme. Jedenfalls musste hierzulande ein Akkordeon unbedingt über ein Vossen- Register verfügen.

Mit Albert Vossen, den ich schon in meiner frühen Jugend regelmäßig mit seinen „Rhythmikern" im Radio gehört hatte, machte ich mehrere LP- Produktionen im Rhenus-Studio und spielte mit ihm bei öffentlichen Rundfunksendungen, wobei ich auch einige der Bläser von Kurt Edelhagen und Harald Banter kennen lernte.

Als ich bei einer Konzertprobe Probleme mit meinen Noten hatte, weil ich das Segno oder die Coda nicht finden konnte, kam Trompeter Hanne Wilfert mir zur Hilfe indem er sagte: „Komm, zeig mal deine Stimmen her. Ja, das ist doch Scheiße, kann man auch nicht finden!" Er zückte seinen Rotstift und markierte, da wir gerade eine kurze Pause hatten, die entsprechenden Symbole in sämtlichen Stimmen. Anschließend sagte er väterlich mit gespielter Strenge: „Und morgen kaufst du dir einen Rotstift, den du immer dabei hast, dann kann dir so was nicht mehr passieren." Ich kaufte mehrere Rotstifte, die ich auf alle Gitarrenkoffer inklusive Banjo und Mandoline verteilte. Der Ratschlag von Hanne gilt übrigens heute noch.

Albert Vossen hatte bei Live-Übertragungen trotz seiner langjährigen Routine immer starkes Lampenfieber. Nach einem der Konzerte stand er in der Unterhose mit rotem Kopf und nasser Stirn in der Garderobe und sagte strahlend im Brustton der Überzeugung: „Mensch, Kinder, wenn ich noch mal auf die Welt komme, dann werde ich wieder Musiker".

Direkt beim Funkhaus hatte Albert Vossen ein Lokal, das „Örgelchen", benannt nach seinem Instrument mit dem orgelähnlichen Klang. Hier trafen sich regelmäßig nach den Produktionen die Musiker. Meist waren es die von Edelhagen, die an der Theke, auch „Klagemauer" genannt, stundenlang standen, über Musik diskutierten, Anekdoten erzählten und jede Menge Kölsch tranken, während Albert sich manchmal ans Klavier setzte und amerikanische Standards spielte.

Die Kollegen vom Tanzorchester saßen meist im „Lederer", und die Clarke-Boland-Band und andere Jazz-Formationen bei Gigi Campi in dessen Cafeteria und Eis-Cafe, wo nach Jazz-Produktionen manchmal abends kleine Sessions stattfanden. Als ich eines Abends nach einer WDR-Produktion bei Gigi einkehrte, spielte zu meiner großen Überraschung eine Super-Formation mit Frank Rosolino Posaune, Sal Nistico Tenorsaxofon, Francy Boland Piano, Jimmy Woode Bass und Tony Inzalaco Schlagzeug.

Tom und Albert Vossen im Rhenus-Studio

1973: Ferdy Klein und die „Studio-Mafia"

Gelegentlich rief Ferdy Klein an, wenn gleichzeitig drei Gitarren benötigt wurden. Schließlich befand man sich mitten in der von Gitarrenklängen dominierten Beat- und Pop- Ära. Ich spielte dann mit den beiden Stamm- Gitaristen Karl-Heinz Kästel und Werner Dies, die mir in punkto Studio-Routine und Notenlesen überlegen waren.

Also machte ich dieses Manko mit besser klingenden Instrumenten wett, besuchte häufig Musikgeschäfte, testete auf Musik-Messen die Neuigkeiten, knüpfte Kontakte, fuhr zu den Importfirmen und suchte mir dort in Ruhe die besten Gitarren, Effektgeräte und Verstärker aus.

Für einen Studiogitarristen galt es als selbstverständlich, bei Bedarf auch Mandoline und Banjo zu spielen, weshalb ich mir eben diese Instrumente kaufte und mich mit ihnen vertraut machte.

Jedenfalls wurde ich allmählich in den erlauchten Kreis der Studioszene, von Außenstehenden auch gern „Studio-Mafia" genannt, integriert und spielte mit Ronnie Stevenson am Schlagzeug, Jean Warland Bass und Francis Copieters Piano, oder mit Charly Antolini Schlagzeug und Helmut Kandlberger am Bass. Trompeten, Posaunen und Saxofone kamen aus der Edelhagen-Band, Hörner und Hölzer vom Sinfonie- oder Rundfunkorchester und die Streicher überwiegend vom Gürzenich- Orchester.

Der Schwierigkeitsgrad der Studioaufnahmen konnte sehr unterschiedlich sein, so dass mein Spiel manchmal noch nicht die gewünschte Ruhe und Sicherheit ausstrahlte. Aber Ronnie Stevenson, Karl-Heinz Kästel und besonders Helmut Kandlberger, der früher bei Klaus Doldinger spielte und vom Timing her unbestechlich war, gaben mir die notwendige Sicherheit und brachten mich nach kurzer Zeit auf den bewussten Punkt.

Ferdy Klein

Helmut verbrachte an Wochenenden so manchen Abend in einer Dorfkneipe, weshalb er montags früh im Studio mit einem nicht unerheblichen Anteil von Restalkohol im Blut an seinem Instrument saß, aber gut spielte. Außerdem lag sein Wohnort 25 Kilometer entfernt, doch er geriet mit Glück zu diesem Zeitpunkt nie in eine Polizeikontrolle.

Erste Begegnung mit Kurt Edelhagen

Eines Tages schickte mich Ferdy, wir waren mittlerweile per Du, ins WDR-Studio 7, wo Kurt Edelhagen in verkleinerter Besetzung zwei schlagerartige Titel aufnahm, denn Gerd Hühns, einer der besten Jazzgitarristen der Nachkriegszeit, der bei Bedarf immer bei Edelhagen spielte, war gestorben. Ich sollte also einspringen und war zeitig im Studio, um mir die Noten anzuschauen, als Edelhagen den Raum betrat und ich in dem Moment zufällig die hohe E-Saite berührte, worauf er nur sagte: „Das ist ein E, aber ein wenig zu hoch, stimmen Sie gut ein!" So kauft man Neulingen erst einmal den Schneid ab.

Ronnie Stevenson kam mit Snare-Drum und Beckentasche ins Studio, blieb zwischen zwei Trennwänden hängen und schrie: „Fuck!", darauf Edelhagen mit ruhiger Stimme: „Ronnie, I come here to the studio to play good music and the first word I hear is *„Fuck"*.

Ronnie: "Kurt, it`s really *"Fuck!"*

Wir spielten einen Titel durch, bei dem Bora Rocovic Orgel spielen musste, was er gar nicht liebte. Edelhagen sagte: „Bora, deine Orgel klingt mit Verlaub gesagt, als hätte jemand hinein geschissen." Es folgte brüllendes Gelächter der Band. Bora: „Wie meinst du das, Kurt?" „Wie ich`s gesagt habe, beschissen, nimm ein anderes Register."

Beim Aufnehmen des ersten Titels unterlief mir gleich zu Beginn ein Fehler, weshalb mich ein strafender Blick des großen Meisters traf und wir noch einmal von vorne beginnen mussten. Der zweite Titel wurde noch aufgenommen, und ich hatte einige neue Eindrücke gewonnen. Von Edelhagen hörte ich längere Zeit nichts mehr.

Als die Nummer 3 in der Ferdy Klein-Szene hatte ich weniger zu tun als meine beiden Kollegen, so dass ich andere Termine wahrnehmen konnte und unter anderem immer wieder als Chorsänger engagiert wurde. Ingfried Hoffmann und Manfred Schoof riefen mich häufig an, um bei den WDR- Produktionen „Sesam-Straße" und „Die Sendung mit der Maus" zu spielen.

Ferdy rief an und schickte mich ins Ariola- Studio, wo die Edelhagen-Bigband die Iwan Rebrow- Show aufnehmen sollte. Ich war wieder einmal zeitig da, um die Noten zu checken. Martin Kathmann, der Notenwart, suchte mir, als er mich sah, unaufgefordert die Gitarrenstimmen heraus und sagte: „Hier Junge, kannst schon ein wenig üben."

Es war auch notwendig.

Die Band saß im Halbkreis vor der Rhythmusgruppe mit Dieter Reith (Piano und Hammond-Orgel), Günter Lenz (Bass) und Ronnie Stevenson (Schlagzeug) und ich genau dazwischen beim Bandleader. Die Trompeten: Benny Bailey, Hanne Wilfert, Rick Kiefer und Horst Fischer; Posaunen: Otto Bredl, Jiggs Wigham, Manfred Gaetjens und Nick Hauck; die Saxofone: Heinz Kretzschmar, Manfred Lindner oder James Towsey, Ferdinand Powel, Wilton Gaynor und Bubi Aderhold.

Es war die komplette „Olympia-Band 1972".

Die Session begann mit dem Opening, und die Band klang so enorm, dass mir die Gitarre vom Knie rutschte und ich einige Takte aussetzte. Edelhagen rief nur: „Junge, spiel!" Ich hatte mich wieder gefangen und spielte, hätte aber in diesem Moment am liebsten nur zugehört, denn ich hatte die Band noch nie derart hautnah live erlebt. Und nun saß ich mitten drin zwischen diesen ausgebufften Top- Musikern und sollte spielen, denn es war quasi meine erste Bigband- Erfahrung. Ich weiß noch genau, dass ich mir in diesem Augenblick wünschte, ich hätte früher mal in einer Amateur-Bigband Tanzmusik oder etwas Ähnliches gespielt und Erfahrungen gesammelt. Nun erlebte ich schon wieder einen Sprung ins kalte Wasser.

Sehr kaltes Wasser!

Nach dem Opening und einigen weiteren Arrangements von Peter Herbolzheimer folgten größtenteils populäre Popnummern. Es war schließlich die Iwan Rebrow-Show, die durch die Produktion mit dieser Band und den hervorragenden Arrangements eine Aufwertung erfuhr im Vergleich zu vorangegangenen Produktionen mit dem Tanzorchester.

Als wir einen Titel für den Sänger Adamo, dessen Stimme ein wenig feminin klang, aufnahmen, sagte Edelhagen zu mir: „Sagen Sie mal, haben Sie nicht auch das Gefühl, dass der nur ein Ei hat?" Ich antwortete ihm: „Vielleicht hat er gar keins." Der Meister grinste verständnisvoll nach diesem vertraulichen Dialog.

Bei einem der Titel hatte Benny Bailey ein melodiöses Trompetenso-
lo zu spielen, welches nicht die Zustimmung des Bandleaders fand, der
eine andere Vorstellung von der Interpretation hatte. Es wurde hin und
her diskutiert, bis Edelhagen sagte: „Benny, I pay and you play!" Darauf
Benny: „No, Kurt, I play and you pay!". Es folgte ein eisiges Schweigen,
und der Titel wurde ohne weiteren Kommentar aufgenommen.

Die Produktion verteilte sich auf drei Tage, während dessen ich die
Gelegenheit hatte, alle Musiker näher kennen zu lernen, obgleich mir
einige aus der Studio-Szene längst vertraut waren wie Bubi Aderhold
(Baritonsaxofon), der mir folgenden Rat gab: „Wenn du zum Beispiel
auf der „Zwei" einen Akkord zu spielen hast, atme vorher wie ein Bläser.
Dann bist du immer richtig mit uns zusammen und nie zu früh." Es war
ein gut gemeinter und für mich sehr wichtiger Ratschlag, der übrigens
auch für Bassisten und Schlagzeuger gilt.

Die Atmosphäre in dieser Band, deren Musiker Zeitverträge hatten,
war sehr entspannt, hatte eine gewisse Eigendynamik und war völlig anders als bei den fest angestellten Orchestern, wo zeitweilig Humorlosig-
keit und Desinteresse das Arbeitsklima prägen.

Hier ging es manchmal zu, wie in einer Schulklasse. Phasenweise
wurde jede Spielunterbrechung dazu genutzt, mit Papierkügelchen zu
schießen, auch wenn ein Titel eingezählt wurde, so dass der eine und
andere, wenn er einen Auftakt zu spielen hatte, noch eine Kugel an den
Kopf bekam. Es wurde auch noch nach Steigerungen gesucht, und Ferdinand Powel hatte eine Idee. Er zog das Mundstück seiner Flöte ab und
stopfte einen nassen Teebeutel in sein Instrument. Da die Saxofone der
Posaunengruppe gegenüber saßen und ich mich dazwischen befand, gab
Ferdinand mir ein Zeichen, mich zu ducken, worauf er die Klappen seiner Flöte schloss, auf die Posaunen zielte und hinein blies mit dem Erfolg, dass der nasse Teebeutel auf die Stirn von Jiggs Wigham klatschte.
Alles lachte und grölte, nur Jiggs verständlicherweise nicht. Er fluchte
und meinte, dies ginge wirklich zu weit.

Edelhagen kam aus dem Regieraum zurück und sagte: „Wir machen
den Titel noch einmal von vorne." Eine brunftig-vulgäre Stimme von den
Trompeten (Horst Fischer): „Nein, von hinten!" Gelächter.

Obgleich ich diese Produktion gut gespielt hatte, wurde ich nicht mehr
bestellt, denn etliche etablierte Gitarristen aus München, Berlin und Hamburg standen quasi in der Warteschlange, weil der Vertrag mit dem WDR

keinen Gitarristen beinhaltete und nur bei Bedarf auf freie Mitarbeiter zurückgegriffen wurde. Bei privaten Galas spielte entweder Milan Lulic vom Tanzorchester oder Toni Maus, ein junger Nachwuchsgitarrist.

Rückblick

Kurt Edelhagen begann etwa 1945 mit einem Trio und dann im Quartett in amerikanischen Clubs, als er noch Klarinette spielte und es in dieser harten Zeit der Entbehrungen zunächst anstatt einer Gage freies Essen und Zigaretten gab, womit das Notdürftigste, den Lebensunterhalt betreffend, als einigermaßen gesichert galt.

Es soll auch vorgekommen sein, dass einer der Musiker in einer deutschen Gaststätte den Kellner nach der Bestellung eines einfachen Menüs allen Ernstes gefragt hat, ob er ihm statt der Suppe eine Zigarette bringen könnte. Ein anderer ökonomisch denkender Kollege orderte eine große Tasse mit heißem Wasser und meinte zum Kellner, den Brühwürfel hätte er selber mitgebracht.

Die Band wurde jedenfalls nach und nach vergrößert, und da Edelhagen auf seinem Instrument nicht der große Renner war, rieten die Musiker ihm, sich vor die Band zu stellen und zu dirigieren. Um 1947/48 wurde diese Formation zu einer Bigband erweitert, in der Henry Meyer der Pianist war. Er komponierte den Titel „The Summerwind", welcher mit Frank Sinatra ein Welthit wurde und kündigte bei Edelhagen, um ausschließlich zu arrangieren und zu komponieren.

Über Radio AFN hörte Edelhagen die sehr gute Clubband von Rudi Kapitän, in der Erich Becht der Pianist und Arrangeur war. Er fragte seine Musiker, ob einer diesen Erich Becht kennen würde. Trompeter Hans Etzel (später als Roy Etzel bekannt) sagte, er hätte früher mit ihm gespielt und bot sich an, ihn aufzusuchen. Erich Becht fuhr daraufhin mit der Bahn zur Edelhagenband, brachte Probe-Arrangements für Bigband mit und spielte Piano. Edelhagen sagte nur: „Wenn Sie wollen, sind Sie engagiert und können in 4 Wochen anfangen". Erich sagte zu und blieb, bis er 1950 die Band auf eigenen Wunsch verließ, um sich ganz dem Arrangieren zu widmen, wobei er als Nachfolger Heinz Kießling empfahl, der als ausgebildeter Konzertpianist bei seinem Vorspiel unter anderem mit „Rhapsody in Blue" und dem „Warschauer Konzert" überzeugte und sich auch nach kurzer Zeit als Arrangeur einen Namen machte. Weitere Nachfolger in den nächsten Jahren waren Werner Drexler, Claus Ogermann, Werner Twardy, Francis Copieters und Bora Rokovic. Alle Pianisten der Edelhagen-Band konnten sich als Arrangeure und Komponisten etablieren, von denen Claus Ogermann, der frühzeitig in die USA ging, international die größte Popularität erreichte.

Die Band spielte eine Zeit lang im Heidelberger „Stardust-Club", der aber abbrannte. Man siedelte um nach Frankfurt, wo die Band teilweise aufgelöst wurde, weil einige Bläser sich eher dem klassischen Bereich zugeordnet fühlten, die Band verließen und am Rundfunk eine Festanstellung suchten.

Etwa zu diesem Zeitpunkt stand die Super-Band von Joe Wick wegen mangelnder Engagements kurz vor der Auflösung. Edelhagen, der dies wusste, hörte sich am letzten Abend in einem amerikanischen Club die Band an und fischte sich, sehr zum Ärger von Joe Wick, die besten Kräfte aus dessen Band, indem er sie für den nächsten Vormittag zur Orchesterprobe einlud. Es waren: Fred Bunge und Hanne Wilfert, Trompete, Otto Bredl, Posaune, Paul Biste und Bubi Aderhold, Saxofon und Werner Twardy Piano.

Mit dieser Verstärkung ging die Edelhagen-Band nach Nürnberg, wo sie sich in kurzer Zeit zu dem Klangkörper entwickelte, den man zu Recht als die beste deutsche Bigband auszeichnete, die regelmäßig im Rundfunk ihre Sendezeit hatte und ihre ersten Schallplatten aufnahm. In diesem Zeitraum kamen noch Franz von Klenck, Altsaxofon und Paul Martin, Tenorsaxofon hinzu, die zusammen mit Fred Bunge und Otto Bredl die herausragenden Solisten waren. Erich Becht und Paul Biste lieferten die Arrangements.

Der Trompeter Hans Etzel wurde von einer Plattenfirma neben seiner Tätigkeit bei Edelhagen als Solist verpflichtet und spielte bekannte Melodien aus dem Schlagerbereich unter dem Namen Roy Etzel ein. Als er immer populärer wurde, bat er seine Orchesterkollegen, ihn doch nun Roy statt Hans zu nennen, was diese letztlich auch taten.

Bei einer Aufnahme mit Edelhagen hatte er beim Spielen Probleme, und die Aufnahme musste zweimal wiederholt werden, worauf Posaunist Otto Bredl sich umdrehte und sagte: „Na Roy, sollen wir nicht doch lieber wieder Hans zu dir sagen?" Harte Sprüche!

Fred Bunge, Trompeter und namhafter Solist des Orchesters, wollte eine eigene Band mit einer Trompete und fünf Saxofonen gründen. Er verließ die Edelhagenband und nahm vier Saxofonisten und den Pianisten Werner Twardy mit. Paul Biste, der geblieben war, arbeitete mühsam vier notverpflichtete Musiker ein, und Edelhagen schickte immer wieder Telegramme an die Abtrünnigen, die er nach kurzer Zeit zur Rückkehr bewegen konnte, zumal es Fred Bunge an Anschlussengagements fehlte. Er selbst aber setzte seinen Weg als Bandleader und Solist auf Jazz-Festivals fort.

Im gleichen Zeitraum bekamen Hanne Wilfert und Bubi Aderhold das Angebot, im WDR-Tanzorchester Adalbert Luczkowski (unter Musikern auch Lutschorchester Tanzkowski genannt) mit der Aussicht auf eine spätere Festanstellung einzusteigen. Dabei wurde der Wunsch geäußert, den Bläsern eine moderne Phrasierungsweise bzw. Stilistik zu vermitteln, denn die Arrangements wurden teilweise schon von dem jungen Paul Kuhn geschrieben und sollten entsprechend seinen Vorgaben gespielt werden. Jedoch zum Leidwesen der beiden zeigte das Orchester keinerlei Interesse an einem Umdenken; die Musiker fanden es wunderbar wie sie bisher gespielt hatten und sonnten sich als Musikbeamte weiterhin im Mittelmaß.

Hanne und Bubi sahen ihre Mission als gescheitert, packten nach vier Wochen die Koffer und kehrten zu Edelhagen, der sie mehrfach telegrafisch darum gebeten hatte, zurück. Ein weiteres Angebot vom Frankfurter HR-Tanzorchester Willy Berking wurde gar nicht erst wahrgenommen, weil die Erfolgsaussichten dort noch geringer zu sein schienen als in Köln.

Informationen und Hinweise zum Thema „Rückblick" von Erich Becht. *Danke Erich!*

Orientierungsmöglichkeiten für jazzambitionierte Musiker

Wie schon erwähnt, war es in den 40er/50er Jahren hierzulande für Musiker kaum möglich, gutes Übungsmaterial zu beschaffen, um sich, was den Jazz anbelangt, in Phrasierung, Stilistik und allem, was damit zusammenhängt, orientieren und weiterbilden zu können wie es heutzutage an Hochschulen üblich ist und in unzähligen Seminaren angeboten wird.

Kurt Edelhagen, 1920 in Herne geboren, absolvierte seine Ausbildung als Klarinettist und Dirigent an der als fortschrittlich geltenden Folkwang-Schule in Essen. Die Einberufung zum Militärdienst ließ nicht lange auf sich warten, und er erlebte den Krieg an der Westfront, wo er verwundet

wurde. Seinen ursprünglichen Familiennamen, der aus einer Anhäufung von Konsonanten bestand, schwer auszusprechen war und für die Musikszene ungeeignet schien, legte er spätestens bei der Gründung seiner Band ab.

Hanne Wilfert wurde auf einer so genannten Stadtpfeife an der Trompete mit Nebeninstrument Geige ausgebildet. Wenn mal etwas nicht richtig klappte, gab es vom Lehrmeister hin und wieder auch einige Ohrfeigen. Auch wenn auf diese Weise irrtümlich versucht wurde, dem Schüler ein tief empfundenes Verhältnis zum Instrument und zur Musik zu vermitteln oder aber zu vermiesen, so entwickelte sich Hanne Wilfert nach Kriegsende zum Satzführer Nr.1.

Auch Mäcki Schäning lernte in Wismar auf einer Stadtpfeife Trompete, hörte heimlich Jazz und spielte bei Werner Müller am RIAS- Berlin, wechselte nach Köln zu Harald Banter und ging von da zu Kurt Edelhagen.

Bubi Aderhold besuchte die Heeres-Musikschule in Bückeburg (James Last übrigens auch), wo er Klarinette lernte. Der Besitz eines Saxofons durfte dort nicht einmal erwähnt werden, es galt schließlich als Heulgurke der dekadenten und verbotenen „Negermusik" und könnte obendrein noch den guten, mühsam erarbeiteten Ton auf der Klarinette verderben. In der Freizeit hörte Bubi heimlich mit einigen Kameraden im Wald auf einem Grammofon Jazz, als ein kleiner SA-Trupp angelockt durch die „artfremden" Klänge erschien und sämtliche Schellackplatten konfiszierte.

Otto Bredl war gelernter Fagottist, entdeckte für sich den Jazz und tauschte das spröde Fagott gegen die Posaune ein, auf der er solistisch wirken konnte und sich zum Satzführer Nr. 1 entwickelte.

Klarinettist/Saxofonist/Bandleader Heinz Kretzschmar und Star-Trompeter Horst Fischer erhielten eine klassische Ausbildung am Konservatorium in Dresden, wo Jazz natürlich auch verboten war. Horst Fischer, dem Alkohol zugetan und ein Schlucker vor dem Herrn, spielte stets brillant, konnte aber auch, mit sich selber oder seiner Umgebung nicht im Reinen, mit cholerischen Attacken aufwarten. In solchen Momenten passierte es, dass er seine Trompete über einer Stuhllehne zerschlug. Am „Südfunk Stuttgart" schleuderte er während einer Produktion sein Instrument wutentbrannt in Richtung seines Bandleaders Erwin Lehn, der dem Wurfgeschoss ausweichen konnte und den tobenden Horst fristlos entließ.

Paul Kuhn, 1928 in Wiesbaden geboren, erhielt vom 4. Lebensjahr an klassischen Klavierunterricht, besuchte das Musische Gymnasium und anschließend das Konservatorium in Wiesbaden. Nebenbei hörte er Jazzplatten, übte intensiv und wurde als Sechzehnjähriger an die Westfront geschickt, wo er Klavier spielend die deutschen Truppen bei Laune halten musste.

Für diese Kollegen und viele andere galt in der damaligen Zeit das Gleiche: Jazz war verboten. Und um sich in dieser Musik weiter zu entwickeln, musste man sich mit großen Ohren über Radio („Feindsender") oder Schallplatte die notwendigen Informationen holen.

Das Prinzip „Hire and Fire"

Kurt Edelhagen erhielt einen neuen Vertrag, und die Band siedelte nach Baden-Baden über. Anlässlich einer Probe betrat er das Podium und sagte: „Ich habe eine erfreuliche und eine unerfreuliche Nachricht. Es gibt zwei Neuzugänge, das heißt, es kommen die Herren Rolf Schneebiegl, Trompete, und Helmut Reinhardt, Altsaxofon. Dafür gehen die Herren Roy Etzel und Paul Biste".

Das waren harte Sitten nach amerikanischem Vorbild, und der soeben geschilderte Rauswurf war nicht der Einzige in der Geschichte dieses Orchesters. Roy Etzel setzte seine Plattenkarriere fort und Paul Biste spielte auf eigenen Wunsch nie wieder in einer Band und arbeitete erfolgreich als viel beschäftigter, allseits geschätzter Arrangeur.

Etwa in diesem Zeitraum hatte ein ambitionierter Hotelier und Kunstsammler in der Nähe von Baden-Baden die Idee, die Edelhagen-Band einzuladen und in seinem Hause zu bewirten. Schließlich war der Name Edelhagen in der Musikszene allgemein ein fester Begriff für Qualität, Exklusivität und einen Hauch von Kultur. Edelhagen folgte der Einladung und erschien mit seinen Musikern in dem mit diversen Kunstwerken ausgestatteten Hotel-Restaurant. Man bewunderte die kostbare Einrichtung und wurde anschließend mit exklusiven Speisen und Getränken bewirtet.

Ein Teil des Restaurants war mit einer Sammlung von mittelalterlichen Waffen und Gerätschaften ausgestattet und schien besonders das Interesse der Musiker zu wecken und deren Fantasie zu beflügeln, denn der reichlich genossene Badische Wein und das Bier verfehlten im Verlauf des Abends ihre Wirkung nicht, und es dauerte nicht lange, da lief schon der erste Musiker mit einer Lanze unter dem Applaus der Kollegen durch den Saal. Ein anderer hatte sich eines Morgensterns bemächtigt, der an einer Kette hing und den er über seinem Kopf kreisend herumschwenkte. Auch ein Keuschheitsgürtel machte zur allgemeinen Gaudi die Runde.

Das Szenario eskalierte total, nachdem sich der kleinste und schmalste Akteur (es könnte Altist Franz von Klenck gewesen sein) in einer stillen Ecke in eine Ritterrüstung gezwängt hatte, einige Gehversuche unternahm und, um in den Saal zu gelangen, eine kleine Treppe hinuntergehen wollte, dabei jedoch ins Stolpern geriet und die Stufen hinunterpolterte, während die Rüstung unter dem Gejohle der Kollegen laut scheppernd in mehrere Teile zerfiel.Mit diesem Akt endete der denkwürdige Abend in einem Eklat, und Edelhagen sicherte dem völlig enttäuschten und erbosten Hotelier vollen Schadensersatz zu.

Einige Zeit später hatte Edelhagen ein geschäftliches Gespräch mit einem bekannten Musikagenten, dem er beiläufig dieses außergewöhnlich gute Hotel empfahl mit dem Hinweis, er könne sich auf ihn berufen. Der Agent nahm wenig später die Gelegenheit wahr und bestellte telefonisch ein Zimmer. Als er am späten Abend die Rezeption betrat und erwähnte, er käme auf Empfehlung von Herrn Edelhagen, schaute der Hotelier in seine Liste und drückte sein Bedauern aus indem er sagte, man hätte sich geirrt, es sei leider kein Zimmer mehr frei.

Somit hatte die leicht schlitzohrige Empfehlung von Herrn Edelhagen ihre Wirkung nicht verfehlt.

Kurt Edelhagen in Köln

1957 erhielt Kurt Edelhagen vom WDR Köln ein Angebot und ließ sich in der Rheinmetropole nieder, wo die Band zum wiederholten Male neu formiert und mit internationalen Top-Musikern besetzt wurde. Diese wechselten wiederum häufig, da eine Ansammlung von Individualisten nicht unbedingt ein Garant für einen homogenen Klangkörper ist.

Zum festen Bestand der Band gehörten immer noch Hanne Wilfert, Otto Bredl, Nick Hauck, Franz von Klenck und Bubi Aderhold, der vom Tenor- zum Baritonsaxofon wechselte. Es gab in den folgenden Jahren viele Neuzugänge: Rick Kiefer, Horst Fischer, Shake Keane, Benny Bailey, Rob Pronk, Jimmy Deuchar, Milo Pavlovitch Trompete; Raymond Droz, Christian Kellens, Manni Gaetjens und Jiggs Wigham Posaune; Karl Drewo, Wilton Gaynor, Gerd Dudek, Tubby Hayes, Jean-Louis Chautemps, Derek Humble Saxofone; Francis Copieters, Bora Rokovic, Dieter Reith Piano; Johnny Fischer, Peter Trunk, Günter Lenz Bass; Stuff Combe, Tony Inzalaco und Ronnie Stevenson Schlagzeug.

Hanne Wilfert ging wegen Unstimmigkeiten mit Edelhagen zu Werner Müller, RIAS Berlin, kehrte aber nach einem Jahr wieder zurück, um statt Tanzmusik lieber die Arrangements von Francy Boland zu spielen. Nach dem erfolgreichen Auftreten der Edelhagen-Band anlässlich der Olympiade 1972 in München war der Vertrag mit dem WDR ausgelaufen.

Rick Kiefer, Jiggs Wigham und Bora Rokovic wurden vom Tanzorchester, welches von Edelhagenmusikern stets ein wenig belächelt wurde, übernommen und fest angestellt, was diesen Kollegen natürlich eine gesicherte Zukunft garantierte.Altsaxofonist Derek Humble und Trompeter Jimmy Deuchar, beide Solisten der Band und als englische Kampftrinker bekannt, erlagen nach Jahren übermäßigen Alkohol- und Drogenkonsums ihrer Sucht. Altist Franz von Klenck, von Derek Humble innerhalb der Band als Solist ein wenig verdrängt, war an einem Hirntumor erkrankt und stürzte sich in Düsseldorf aus dem Fenster eines Hotels.

Shake Keane kehrte in seine Heimat zurück und wurde Kultusminister auf den Bahamas.

Einstieg bei Edelhagen

Das Edelhagen-Orchester wurde kurzfristig aufgelöst, bis vom WDR das Angebot einging, für eine TV-Show eine Band zusammenzustellen, wobei ich zufällig von Toni Maus, der schon einige Male für Edelhagen gespielt hatte, erfuhr, dass dieser einen Gitarristen für die Show suchen würde und in Köln derzeit kein Gitarrist frei sei, er selber auch nicht.

Da anzunehmen war, dass Edelhagen meine Telefonnummer nicht kannte und er sich auch nicht spontan an mich erinnern würde, kam ich leicht ins Grübeln und überlegte, was zu tun sei. Den Gedanken, ihn einfach anzurufen, verwarf ich schnell wieder, denn sich wie Sauerbier anzubieten, war nicht meine Sache und auch nicht unbedingt branchenüblich. In England und Amerika hängt in etlichen Studios ein Schild mit der Aufschrift: *Don`t call us, we call you!*

Da ich im Studio sozusagen als die Nummer 3 noch relativ wenig eingesetzt wurde und ich unbedingt diesen Job machen wollte, überwand ich letztlich meinen Stolz und entschloss mich, den großen Meister anzurufen. Ich wählte die Nummer, die tatsächlich im Telefonbuch stand und es meldete sich eine sonore, salbungsvolle Stimme: „Edelhagen". Wow!

Ich stellte mich vor und sagte ihm, ich sei Studiogitarrist, hätte schon in den letzten 2 Jahren gelegentlich für ihn gespielt und erfahren, dass er einen Gitarristen für die TV-Show suchen würde. Er meinte, das sei sehr interessant und fragte noch einmal nach meinem Namen und wo ich sonst noch gespielt hätte. Ich erwähnte die Jay-Five, das Rundfunkorchester, Harald Banter etc. „Ich rufe Sie heute Abend an, wie lange sind Sie auf?" Ich sagte, er könne auch spät anrufen, ich sei da. „Wie war noch mal Ihr Name, ich schreibe ihn mir auf, auch die Telefonnummer bitte. Auf Wiederhören!"

Er hatte sich offenbar eingehend nach mir erkundigt und meldete sich gegen 22 Uhr, wobei er mir den dreitägigen Job anbot und die Gage nannte. Die lag etwas unter der Summe, die mir zwischenzeitlich bekannt war, und ich sagte nach bewusst kurzem Zögern zu. Innerlich konnte ich jedenfalls jubeln. Am Ende des Gesprächs sagte er noch: „Wir spielen die Otto-Show, kennen Sie den?" Ich kannte ihn nicht und fragte, ob das etwas mit dem Versandhaus zu tun hätte. „Nein, das muss ein junger, eigenartiger Entertainer sein, der seine erste Fernsehshow hat." Wir verabschiedeten uns bis zum TV-Termin.

Die Band bestand aus Rhythmusgruppe und fünf Bläsern, und Ingfried Hoffmann hatte die Arrangements geschrieben. Beim Durchspielen der Titel musste ich eine Solo-Einleitung aus der Rockoper „Tommy" spielen, die ich natürlich in den Jahren zuvor hundertfach mit der „Jay-Five" gespielt hatte und die auf Anhieb entsprechend überzeugend klang. Edelhagen schaute mich an und hob anerkennend beide Daumen. Es sah so aus, als hätte ich gewonnen.

Die Show verlief harmonisch und ohne Komplikationen. Außerdem wusste jeder am Ende, wer Otto ist.

Edelhagen sagte zu mir, er würde demnächst in großer Besetzung einen Ball in Bad Salzuflen spielen und ob ich den Termin wahrnehmen könnte. Natürlich konnte ich. „Haben Sie einen Smoking?" Ich sagte, ich hätte keinen Smoking, aber einen schwarzen Anzug, worauf er sagte: „Bei mir brauchen Sie aber einen Smoking, kaufen Sie sich einen", worauf ich entgegnete, der Kauf eines Smokings würde sich für einen einzigen Job kaum lohnen. „Nein, ich möchte, dass Sie immer bei mir spielen!" Ich war von diesem Angebot begreiflicherweise sehr überrascht und auch erfreut. „Ich kann Ihnen auch gerne einen Vorschuss geben." „Nein, danke, das ist sehr nett, aber unter diesen Umständen kein Problem." – Nur keine Abhängigkeiten!. -

In Salzuflen erschien ich in einem modischen Smoking, tailliert mit leicht ausgestellten Hosen und dicker Samtfliege womit ich optisch im Kontrast zu meinen Kollegen mit ihren Modellen aus den 50er/60er Jahren stand. Toni Maus war auch dabei, und wir spielten mit zwei Gitarren; es war eine poppige, beat-orientierte Zeit. Weil ich keinen Platz auf der Bühne fand, fragte ich Edelhagen, wo ich denn sitzen sollte. „Sie sind mein Aushängeschild und müssen ganz vorne sitzen." Der Smoking tat also seine Wirkung.

In der Rhythmusgruppe saßen jetzt Francis Copieters, Piano und als Neuzugänge Tom Wohlert, Gitarre, Elmar Kast, Bass und Hans Doelle, Schlagzeug. Ansonsten war die Band für Gala-Veranstaltungen mit 4 Trompeten, 3 Posaunen und 4 Saxofonen besetzt, wurde aber bei Bedarf vergrößert.

Das Podium war fast ebenerdig mit der Tanzfläche, so dass die Band guten Kontakt zum Publikum hatte. Es war der erste Ball nach rund zwanzigjährigem Musikerleben, den ich mit einer Bigband spielte, und da die Arrangements nicht ausschließlich kompliziert waren, konnte ich schon mal gelegentlich einen Blick auf die Tanzfläche werfen. Es ergab sich ein längerer Blickkontakt mit einer recht attraktiven Lady, die ihrem Tanzpartner immer wieder über die Schulter schaute. Edelhagen, der dies bemerkte, schaute sich die Dame an und nickte verständnisvoll schmunzelnd.

Wenig später bei einer langsamen Nummer, es könnte „Moon River" gewesen sein, nahm er die Gitarrenstimme von meinem Pult und fing an, seelenruhig darin zu lesen, während er weiter dirigierte. Bei mir läuteten sofort die Alarmglocken, und ich spielte ohne Unterbrechung weiter, bis er nach einer Weile die Noten wieder auf mein Pult legte.

Das war so ein typischer Kapellmeistertest mit dem gedanklichen Hintergrund: Wie reagiert er? Weiß er sich zu helfen? Kann er auch auswendig spielen?

Es folgten weitere Galas, in deren Verlauf Edelhagen meinen Kollegen Toni immer häufiger kritisierte und ihn aufforderte, eher so zu spielen wie ich, was nicht realisierbar war, weil die Arrangements meist für nur eine Rhythmusgitarre geschrieben waren und ich im Prinzip alles abdeckte, so dass für ihn wenig Raum blieb. Ich empfand die Situation als sehr unangenehm, denn Toni war ein sehr gut ausgebildeter Gitarrist. Ich dagegen war Autodidakt, konnte aber auf eine langjährige Spiel-Erfahrung zurückgreifen, und man musste mir nicht erklären, wie man Samba, Bossa- Nova, Walzer, Swing oder Funky Rythm spielt.

So kam es, dass Edelhagen im Rahmen einer angekündigten TV-Show zu mir sagte: „Die ARD zahlt nur einen Gitarristen, können Sie das auch allein machen?" Ich wusste zwar nicht, was dort auf mich zukommen würde, aber ich sagte spontan zu.

Die TV-Show
Es war eine UNICEF- Live-Sendung, die von Peter Ustinov moderiert wurde und in deren Verlauf das Orchester mehrere internationale Solisten zu begleiten hatte, unter anderem Donna Hightower mit ihrem damaligen Welthit. Ihr Titel begann mit einigen Takten Solo-Guitar-Rhythm, wobei ich stehend groß im Bild war, was zur Folge hatte, dass wenige Tage nach der Sendung einige Produzenten anriefen und mir einen Studiotermin anboten. Auch die Sekretärin von Max Greger meldete sich und sagte, er würde einen Gitarristen suchen und hätte mich in der Sendung gesehen. Sie bot mir an, nach München zu kommen, um Herrn Greger etwas vorzu-

Kurt Edelhagen Orchester WDR-Gala 1973

spielen. Ich meinte, es sei sinnlos, etwas vorzuspielen, ich könnte höchstens zwecks besserer Beurteilung mal einen Job mitspielen, außerdem sei ich erst kürzlich bei Kurt Edelhagen eingestiegen und würde mich dort sehr wohl fühlen. Der Herr Greger hätte aber einen ZDF-Vertrag und Herr Edelhagen sei derzeit vertragslos. Vielleicht wusste sie nicht, dass im Kölner Cornet-Studio Heinz Gietz regelmäßig mit den Edelhagenmusikern die Sendung „Musik ist Trumpf" aufnahm und Greger im Fernsehen danach mimte. Schließlich fragte die Dame, wie alt ich denn sei und ich antwortete wahrheitsgemäß: „Zweiundvierzig". „O Gott, Herr Greger sucht junge Leute, eher Zwanzigjährige!" Ich entgegnete daraufhin, dass Herr Greger mich im Fernsehen gesehen hat und mich dabei erheblich jünger eingeschätzt haben muss. Außerdem hätte ich mich ja nicht bei ihm beworben. Damit fand dieses Gespräch ein Ende.

Es gibt offenbar Bandleader, die sich zwanzigjährige Musiker mit der Erfahrung eines Fünfzigjährigen wünschen, unter anderem schon deswegen, weil die jungen Kollegen noch wenig Hintergrundwissen mitbringen; genauer gesagt: Die Älteren wissen zu viel und könnten in bestimmten Situationen kritischer reagieren als junge Musiker, die noch nicht ausreichend über die Interna des Bandgeschäfts informiert sind.

Jedenfalls verlief die UNICEF-Sendung erfolgreich, und am Ende der Sendung kündigte Edelhagen für das Frühjahr eine vierwöchige Tournee in der Sowjet-Union an.

1974: Tournee in der Sowjet-Union

Die beiden Trompeter Hanne Wilfert und Mäcki Schäning konnten bzw. wollten nicht mit nach Russland, genauer gesagt, in die Sowjet-Union. Für sie kamen Greg Bowen und Henry Lowther aus London, außerdem Dennis Lopez, Percussion und Peter Niewerf aus Holland, Gitarre. Am Schlagzeug saß Charly Antolini.

Wir spielten in dieser Besetzung zunächst noch den Europa-Ball in Brüssel mit Katja Ebstein als Solistin, und flogen anschließend nach Frankfurt/Main, wo wir eine russische Aeroflot-Maschine bestiegen. Dort wurden wir von einer soldatenhaft wirkenden und nie lächelnden Stewardess empfangen, die jedem von uns stumm einen Bonbon hinhielt, um lutschend den Start besser überstehen zu können. Mit von der Partie waren auch noch Martin Kathmann, der Orchesterwart und Rolf Lammers, der für die Technik zuständig war. Außerdem begleitete uns noch ein älterer WDR-Redakteur nebst Ehefrau. Sinn und Zweck von deren Anwesenheit war nie wirklich zu ergründen .

Das erste russische Wort welches wir hörten war *„Njet“*. Das war schon ein kleiner Vorgeschmack auf den sozialistischen Charme. Einige Kollegen nahmen die Gelegenheit wahr, an Bord gegen harte Währung (Dollar oder D-Mark) den ersten Wodka zu erwerben und auch zu trinken, denn der Flug nach Moskau dauerte etwa sechs Stunden.

Nach der Landung verließen einige unserer Jungs wankend die Maschine, kauften aber im Flughafen noch einige Flaschen dazu, wovon eine, zu fest auf den Boden gestellt, platzte und das kostbare, mit Devisen erworbene Nass sich in der Halle ausbreitete, während die Band wie eine Trauergemeinde mit gesenkten Häuptern teilnahmsvoll von dem auslaufenden Wodka Abschied nahm.

Die ganze Szenerie bzw. unsere Ankunft wurde von mehreren, besonders `unauffälligen` Männern, aus gebührender Entfernung verfolgt und mit Sicherheit protokolliert. Schließlich befanden wir uns in der Sowjet-Union des Breschnew- Regimes. Empfangen wurden wir von Tanja, unserer künftigen, perfekt deutsch sprechenden Tournee-Begleiterin. Sie händigte jedem von uns ein Formular aus, welches direkt ausgefüllt wurde und Fragen nach Geld, Schmuck, Zeitungen, Pornos usw. enthielt. In meinem Fall war es ein Ehering, eine Armbanduhr und ein „Spiegel“.

„Playboy" und Pornos wären aus ethisch-moralischer Sicht konfisziert worden und mit größter Wahrscheinlichkeit in privaten Bereichen verschwunden.

Wir waren übrigens zu diesem Zeitpunkt die einzigen Fluggäste und wurden anschließend mit einem Bus zum Hotel gefahren, wo man uns mit einem Abendessen bewirtete. Henry war Vegetarier und musste aufgrund seines Fleischverzichts vier Wochen lang überwiegend Eier essen. Kurt Edelhagen musste eine strenge Diät einhalten und hatte zusätzlich reichlich Astronautennahrung im Gepäck, da er 1970 aufgrund seines jahrelangen Alkoholkonsums einen gesundheitlichen Zusammenbruch erlitten hatte und deshalb für ihn jeglicher Alkoholgenuss tabu war.

Leningrad

Am nächsten Tag flogen wir nach Leningrad, um unser erstes Konzert zu spielen. Außer der bereits erwähnten Besetzung wirkte noch eine für die Tournee zusammengestellte Gesangsgruppe mit, bestehend aus: Renate Otta, Viola Edelhagen, Wolfgang Emperhoff, Tom Wohlert und Elmar Kast. Das Repertoire enthielt bekannte Pop-Titel von ABBA etc.

Die Band spielte einige Jazz-Rock-Kompositionen von Francis Copieters und Heinz Kretzschmar, den einen und anderen Titel von der Olympiade `72 und eine Melange aus Swing und Rock. Charly Antolini hatte ein langes, erfolgreiches Schlagzeugsolo, bei dem er seine enorme Technik Abend für Abend unter Beweis stellen konnte.

Kurt und Tom

Im Zusammenspiel mit der Rhythmusgruppe gab es manchmal Probleme, wobei Francis, ein Timing-Fanatiker, Charly wegen Treibens ermahnte, worauf die beiden während der ganzen Tour kaum miteinander redeten. Wilton, der neben mir saß, rief mir manchmal zu: „Man, hold him!" Ich hatte es längst versucht und Charly schrie: „Du bremst!" Ich zurück: „Du treibst!" Edelhagen beschwichtigte dirigierend und man beruhigte sich. In der Pause sagte er: „Charly, die Zeit des Treibens ist vorbei!"

Kurt hatte mir zwischenzeitlich das Du angeboten und meinte, vor Leningrad hätten sich im Krieg schon viele Deutsche verbrüdert.

Das Konzerthaus wirkte für die damaligen Verhältnisse relativ modern, während hinter der Bühne vieles noch an die Zarenzeit erinnerte. In einer Konzertpause suchte ich die Toilette auf, von der mir ein Geruch zwischen Viehstall und Jauchegrube entgegenströmte. Ich betrat also diese antike Bedürfnisanstalt, suchte und entdeckte ein tief installiertes, kleines Becken mit Messingwasserhahn. Kurz darauf betraten zwei Bühnenarbeiter die Toilette, stellten sich an die schwarze Wand und urinierten, wobei sie mich unentwegt musterten. Erst da wurde mir klar, dass ich in das einzig vorhandene Waschbecken pinkelte. Ich drehte noch den kleinen Wasserhahn auf, spülte die Hände ab und verließ umgehend dieses Miefkabinett, denn die Blicke der Männer sagten so viel wie: „Du arroganter Kapitalist entweihst hier einfach unser einziges Waschbecken!"

Alex und der Samowar

Am zweiten Tag schaute ich mir die Hauptstraße Leningrads, den „Newski-Prospekt", an. Die vielen Grau in Grau gekleideten Passanten erkannten in mir sogleich den Westler und musterten mich interessiert, zumal ich einen Maxi-Mantel aus hellem Gazellenleder trug, darunter aus gleichem Leder eine dünne Jacke, Jeans, getönte Ray-Ban Brille und lange Haartracht, also für dortige Verhältnisse ein totaler Exot war.

Ein recht gut englisch sprechender, russischer Student sprach mich an und wollte mir meine Brille abkaufen. Ich sagte ihm, dass die Gläser geschliffen seien und ich die Brille dringend brauchte. Dann kam das Gespräch auf die Jeans und letztlich alles, was ich am Leibe trug. Er bot mir Ikonen, Drogen und tolle Frauen an. Ich machte ihm letztlich klar, dass ich das alles nicht brauchte, sondern meiner Frau in Köln einen Samowar mitbringen möchte.

Alex begleitete mich zu dem einzigen Antiquariat in Leningrad, ganz in der Nähe. Wir betraten einen Raum, der eher einer Gepäckaufbewahrung ähnelte: Regale aus rohem Holz und große Holzkisten, die als offene Schränke dienten und fast leer waren. Und inmitten dieser Einöde thronte ein blinkender Samowar, übrigens in dem Laden der Einzige.

Wir ließen ihn uns zeigen, und Alex sagte, er sei außergewöhnlich schön und wertvoll, mit Stempel von 1870 eingraviert, aber sehr, sehr teuer. Er kostete umgerechnet etwa DM 120.-, was dem dortigen Monatsgehalt eines Lehrers entsprach. Da ein geringer Teil der Gage in Rubel ausgezahlt wurde, war der Preis für westliche Verhältnisse minimal und das Ganze für mich ein Schnäppchen.

In der Sowjet-Union bestand wegen der niedrigen Einkommensverhältnisse natürlich kein Interesse an Antiquitäten. Die verkaufte man günstig, sofern man derartiges besaß und war mehr an Dingen des täglichen Lebens wie Transistorradios, Trockenrasierern, Kameras oder Strumpfhosen interessiert. Die besten Kunden für Antiquitäten waren die Ehefrauen der Botschafter und deren Personal. Sie erschienen fast täglich und kauften sämtliches Silber und Porzellan auf. Ich ließ mir jedenfalls das gute Stück in einen Karton packen, aus dem der Samowar noch zur Hälfte herausschaute. Der Rückweg zum Hotel geriet fast zum Spießrutenlaufen, denn die Leute blieben teilweise stehen und schauten zu, wie dieser kapitalistische Exot russisches Kulturgut wegschleppte.

Dem Orchester wurde täglich nach dem Frühstück eine kulturelle Rundfahrt mit Besichtigungen angeboten, wobei Leningrad mit Eremitage etc. einiges zu bieten hatte. Natürlich war man bemüht, uns die revolutionären Geschehnisse zu vermitteln; man zeigte uns auch die breite Holztreppe, die Lenin bei seiner Machtübernahme hinaufgeeilt war. Es kam auch gelegentlich vor, dass die Band sich Hochhäuser und Plattenbauten als Beispiel für sozialistische Errungenschaften ansehen musste. Wir baten dann meist, weiter zu fahren und gaben Tanja zu verstehen, dass wir an diesen profanen Dingen kein Interesse hatten.

Die Konzerte wurden von Oleg, einem Schauspieler moderiert, der sehr wenig Englisch sprach und angeblich kein Wort Deutsch verstand. Er trug immer einen perfekt sitzenden, im Westen erworbenen Anzug, an den er, wenn es notwendig erschien, seinen Lenin-Orden heftete, um sich bei den einfachen Genossen den erwünschten Respekt zu verschaffen.

Abends nach dem Konzert gab es im Hotel immer ein warmes Essen und Bier, so viel wir wollten. An einem der Abende war angeblich kein Bier da. Die Bediensteten sagten einfach: „Njet!" Wir reklamierten bei Tanja und die rief Oleg, der seinen Lenin-Orden aus der Jackett-Tasche zog, ihn ans Revers heftete, die Küche betrat und dem Personal in dröhnend- klassischer Bühnenlautstärke den Marsch blies. Zwei Minuten später standen Bierflaschen für mehrere Tage auf den Tischen. Oleg hatte dem sozialistischen Schlendrian einen Tritt versetzt, denn das Bier lag gekühlt im Keller, man war nur zu faul, es herauf zu holen.

Tagsüber wurde nichts Alkoholisches konsumiert, abgesehen von den drei Engländern Greg, Henry und Dennis, die öfter am frühen Nachmittag eine leichte Dröhnung zu sich nahmen, anschließend ihren Rausch ausschliefen und am Abend voll konzentriert auf der Bühne saßen und hundertprozentig spielten. In der Pause gab es bei jedem Konzert für die Band zwei mittelgroße Flaschen Wodka, die umgehend von den Blechbläsern vereinnahmt wurden, die dann gnädigerweise noch etwas für die Saxofone herausrückten, denn auch dort saßen mindestens zwei bis drei Schluckspechte. Die Rhythmusgruppe blieb freiwillig trocken.

Eines Abends, in der Pause war der Garderobenschrank, in dem sich die Wodkaration befand, verschlossen und der Schlüssel im Augenblick unauffindbar. Dennis Lopez, der von sich selber gern sagte: „I`m a Tiger", nahm kurz entschlossen einen Anlauf und trat mit dem Fuß die Schranktür ein. Der Weg zum Wodka war nun frei.

Riga

Von Leningrad flogen wir mit einer relativ kleinen, zweimotorigen Propellermaschine nach Riga. Das Außergewöhnliche an diesem ruhig und niedrig fliegenden Flugzeug war, dass es auch Stehplätze gab. Man betrat die Maschine hinter dem Cockpit und befand sich zunächst in einem Vorraum mit Stehplätzen für ca. 8-10 Personen. Dann folgten etwa 25 Sitzplätze, die für die Band vorgesehen waren. Nachdem wir unsere Plätze eingenommen hatten, bestiegen mehrere Bäuerinnen mit Obst- und Gemüsekörben, Käse und Eiern beladen den Vorraum, um in Riga ihre Waren auf dem Markt anzubieten. Es gab für die stehenden Fluggäste übrigens auch Haltegriffe; man kam sich vor, wie in einer fliegenden Straßenbahn. Tanja erklärte uns, dass die Bäuerinnen unbegrenzt gratis fliegen könnten, eine der vielen Errungenschaften des sozialistischen Systems, wie auch die kostenlose medizinische Versorgung inklusive Krankenhaus. Womöglich wurde man auch kostenlos beerdigt.

Wenn wir in den Westen telefonieren wollten (kostenlos!), mussten wir das Gespräch einen Tag davor bei Tanja anmelden. Die Verbindung wurde dann meist nach dem Konzert gegen 23-24 Uhr hergestellt, und ich musste oft länger als eine Stunde warten, bis Tanja in die Bierrunde rief: „Tom, Telefon!" Erst hörte man eine russische Ansage, auf die eine Pause bzw. Unterbrechung folgte, dann etwas Polnisches, darauf nach längerem Knistern- es musste ja alles abgehört werden-, einiges in typischem DDR-Slang, wieder Pause und dann endlich Köln und eine vertraute Stimme.Peter, mein holländischer Kollege, war eines Abends von den Unterbrechungen der Telefonverbindung in die Niederlande derart genervt, dass er das Kabel aus der Wand riss und das Telefon an der Wand zerschmetterte. Kurt regulierte den Vorfall stillschweigend, und alles verlief, als sei nichts vorgefallen.

Eines Nachmittags wurde die Band in der deutschen Botschaft empfangen, wo man uns mit Gebäck und reichlich Becks- Bier bewirtete; welch eine Delikatesse im Vergleich zum volkseigenen Gerstensaft! Es dauerte allerdings nicht sehr lange, da hatten wir unersättlichen Schluckspechte den gesamten Biervorrat der kleinen Botschaft ausgetrunken.

In Riga, welches im Vergleich zu Leningrad fast ein wenig westlich wirkte, man sah schon mal ein farbiges oder helles Kleidungsstück, gab es ein Cafe mit einer Band, besser gesagt mit einer Tanzkapelle alten Stils. In solchen Tanz-Cafes konnte man häufig uralte Schlagzeuge mit vielfach geflickten Kalbfellen bewundern, und es sah besonders eigenartig aus, wenn ein derartig geflicktes Schlag-Fell einer Bass- Drum ausgedient hatte und nun als Resonanzfell die Vorderfront des Schlagzeugs zierte, denn Kunststoff-Felle waren hinter dem eisernen Vorhang nicht zu beschaffen. Es waren etliche Tagestouristen aus Finnland anwesend, die schon auf der Überfahrt die zollfreien Möglichkeiten des Alkoholkonsums wahrgenommen hatten und sich in entsprechender Laune befanden. Die meisten unserer Musiker hatten der Zeit entsprechend eine lange Haartracht, welches die Aufmerksamkeit der Anwesenden erregte. Es dauerte nicht lange, bis ein angetrunkener Finne an unseren Tisch kam, um mich zum Tanz aufzufordern, was er trotz meiner ablehnenden und letztlich drohenden Gebärden mehrmals, linkisch kichernd, wiederholte. Bevor das Ganze weiter eskalieren konnte, rettete Oleg die Situation indem er den Suff-Heini lauthals in seine Schranken verwies und an dessen Tisch dirigierte.

Vilnius

Die nächste Station hieß Vilnius (Wilna), Hauptstadt von Litauen, die wir wiederum in einer zweimotorigen Maschine, in der wie üblich etliche Bäuerinnen mit Marktwaren standen, nach etwa einstündigem Flug erreichten. Meine Kollegen amüsierten sich jedes Mal, wenn ich auf dem Flugplatz mit dem Samowar im großen Pappkarton erschien, denn das misstrauische Wachpersonal warf immer ein prüfendes Auge auf mein ungewöhnliches Handgepäck.

Als wir unser Hotel, in dem sich auch ein Tanz-Cafe befand, betraten, spielte die Kapelle gerade den „ Kriminal-Tango" von Hazy Osterwald, und einige von uns ließen vor Lachen den Koffer fallen. In dieser Tanzkapelle mit Geige, Klarinette, Piano, Kontrabass und Schlagzeug spielten zwei jüdische Musiker, die unbedingt in den Westen wollten. Charly Antolini bekam Namen und Fotos von ihnen und versuchte nach seiner Rückkehr in die Schweiz, etwas in Bezug auf Ausreise zu erreichen, was damals leider ein aussichtsloses Unterfangen war.

Die beiden Musiker erzählten uns, dass in der Sowjet-Union Kapellen in die Kategorien A, B und C eingeteilt wurden. Wer spielen wollte, musste vor einer Kommission eine Prüfung ablegen, bei der entschieden wurde, in welcher Kategorie er spielen durfte. Hochbegabte jüdische Musiker mit A-Qualifikation wurden dennoch nur für B-und C-Kapellen zugelassen. Welch ein Irrsinn! Jazz war zunächst als westliches, dekadent-negroides Gedudel verboten. Als aber im Laufe der Zeit in der Bevölkerung das Bedürfnis wuchs, Jazz zu hören und zu spielen, wurde er plötzlich als Musik der von den Kapitalisten unterdrückten schwarzen Rasse hoffähig.

Unser Hotel war einigermaßen in Ordnung, nur warmes Wasser gab es zurzeit nicht. Das Essen war wie immer einfach und sehr fettig, jedenfalls sehr gewöhnungsbedürftig, nur die typische Borschtsuppe mit viel Gemüse, Gurken etc. konnte uns überzeugen. Wilton, der aus Jamaika kam, fragte den Kellner nach Tabasco, ein völlig abwegiger Gedanke, weil in Russland absolut unbekannt. Auch Pfeffer gab es hier momentan nicht; sicherlich ein planwirtschaftliches Versehen. Auf seiner Suche nach einer kleinen lukullischen Abwechslung orderte Wilton daraufhin ein Glas Milch und sagte: „Milk, please." Da der Kellner kein Wort Englisch verstand, machte Wilton mit beiden Händen eine melkende Geste und sagte: „Muuuh!" Das schien bei dem Kellner die sprichwörtlich russische Seele zu wecken, außerdem war ihm aller Wahrscheinlichkeit nach noch nie ein dunkelhäutiger Mensch begegnet. Er verschwand eilig und kam kurz darauf mit einem großen Glas Milch zurück, strahlte und sagte: „Muuuh!" In den folgenden Tagen bot er Wilton immer wieder unaufgefordert Muuuh an.

Die Konzerte verliefen wie geplant, und das Publikum, teilweise deutsch sprechend, war besonders aufgeschlossen und herzlich. Man überreichte uns Blumen und kleine Geschenke. Die Litauer, wie auch die Letten, waren sehr darauf bedacht, nicht mit Russen verwechselt zu werden. Sie betonten immer wieder, sie seien ein von den Russen okkupiertes Land; die Polen seien da gewesen und auch die Deutschen, jetzt ginge es ihnen am schlechtesten.

Auf der Straße wurden wir immer wieder von jüngeren Menschen angesprochen, natürlich auch auf unsere Kleidung, die man uns abkaufen wollte. Musikern, denen es gelang, beim Sound-Check oder nach dem Konzert hinter die Bühne zu kommen, wollten unsere Instrumente, besonders E-Gitarren, E-Bass und Schlagzeug, einmal aus der Nähe anschauen. Sie konnten es kaum glauben, dass man diese Dinge in jedem einschlägigen Musikgeschäft kaufen oder kurzfristig ordern konnte. In Wilna gab es keine einzige dieser Raritäten, in Riga sollte es eine Fender-Gitarre unbekannter Herkunft geben, und in Leningrad war von einem Fender-Bass die Rede, den eine russische Tänzerin ihrem Freund von einer Australien-Tournee mitgebracht haben soll. Mit Schlagzeugen sah es, wie schon erwähnt, genau so düster aus.

Weil ich mein Wah-Wah-Pedal auf dieser Tour nicht brauchte, vermachte ich es einem Gitarristen, der sich mit einigen Mini-Ikonen revanchierte und überglücklich war, nun im Lande der erste Musiker mit einem Wah-Wah-Pedal zu sein, es aber sehr dezent einsetzen musste, da Rock-Musik, im Vergleich zum Jazz, immer noch als westlich-dekadent und aggressiv verboten war. Deshalb orientierte man sich an amerikanischen Gruppen mit überwiegend Naturgitarren, wie Crosby-Stills-Nash oder Bob Dylan, versah deren Songs oder auch eigene mit russischen Texten und konnte das Ganze auf diese Weise den staatlichen Kunstkontrolleuren und Funktionären als russische Folklore unterschieben.

Die Übergabe des Wah-Wah-Pedals hatte äußerst unauffällig zu erfolgen, denn die Einfuhr von Effektgeräten jeglicher Art, auch Radios, war strengstens verboten; es hätten ja schließlich Minisender vom Klassenfeind darin verborgen sein können.

Moskau

Wir flogen mit einer großen Düsenmaschine nach Moskau, etwa 800 Kilometer, um dort die letzten Konzerte zu spielen. Vor diesem Flug hatte man aus purer Unkenntnis oder Schlamperei die schwere Box des Bass-Verstärkers auf Charly Antolinis Beckentasche gewuchtet, wodurch sich die Becken verzogen hatten und, genau genommen dadurch klanglich unbrauchbar wurden und Charly diese nach dem letzten Konzert einem überglücklichen Schlagzeuger schenkte.

Das Hotel „Ukraine" war ein monströser Backsteinbau mit stark stalinistisch geprägter Architektur, und bevor man sein Zimmer erreichen konnte, musste man am Anfang des Korridors eine streng dreinblickende, neben einem elektrischen Samowar strickende, weibliche Aufsichtsperson passieren, deren Sinn und Zweck für uns stets im Dunkeln blieb.

Die Band hatte Gelegenheit, an einem spielfreien Tag bei einer umfangreichen Stadtrundfahrt Moskau im Zeitraffer kennen zu lernen. Und natürlich, wie könnte es anders sein, wurde auch der Rote Platz inklusive Kreml zu besichtigt. Im Kreml-Theater konnten wir uns abends die Ballett-Aufführung von „Giselle" anschauen.

Während ich in der Pause in der Lounge herumspazierte, stand plötzlich Alex aus Leningrad lachend vor mir. Ich war ziemlich erstaunt, ihn hier zu sehen, denn mir war bekannt, dass das Verlassen des Wohnsitzes und das Reisen ohne Genehmigung strafbar war. Alex machte mich auf seine etwa zehn Meter entfernt stehende Begleiterin aufmerksam, die groß, schlank und blond in engen Jeans steckend, herüberlächelte und nicht gerade wie eine alltägliche Durchschnittsrussin aussah. Im Verlauf unseres kurzen Pausengesprächs bot er mir die Lady als Begleitung für den verlängerten Abend an, und spätestens da wurde mir klar, dass Alex, der Student, nebenbei oder hauptsächlich ein Zuhälter und Dealer war. Bevor unser Gespräch jedoch weiter vertieft werden konnte, war die Pause beendet, und Tanja bat mich, ihr in den Saal zu folgen, um mich wieder auf „Giselle" zu konzentrieren.

Am nächsten Nachmittag folgten wir einer Einladung in die deutsche Botschaft, wo Herr Botschafter Sahm das Olympia-Orchester persönlich empfing und jedem von uns, wie bei einer Preisverleihung in einer langen Reihe stehend, warm die Hand schüttelte. Nachdem er eine kurze Begrüßungsansprache gehalten hatte, wurden Snacks gereicht und der botschaftseigene Bierbestand stark dezimiert. In dem großzügig ausgestatteten Saal entdeckte ich einen Samowar, der meinem in Form und Größe glich, nur dass er inklusive Teekanne und Tablett vergoldet war und altarähnlich auf einem Podest thronte. Schließlich ist das Vergolden in Russland eine alte Tradition. Selbst die Türme des Kreml sind mit reinem Gold überzogen.

Bei unserem ersten Konzert kam mein Kollege Peter Niewerf knapp zu spät, weshalb der Diensthabende ihn nicht ins Gebäude ließ. Peter hatte argumentiert, dies sei sein Job und er müsse dringend auf die Bühne, doch der Mann meinte nur, es sei sein Job, ihn nicht hereinzulassen. In der Pause, es gab immer noch zwei Flaschen Wodka, erschien Peter dann und entschuldigte sich beim stark angesäuerten Bandleader.

Die Ehefrau des WDR-Redakteurs warf regelmäßig einen Blick durch die meist ein wenig geöffnete Tür unserer Garderobe, während wir uns umzogen, um, wie sie selber sagte, ein Paar knackige Männerbeine (oder was sonst noch?) anzusehen. Was immer auch in ihrer blühenden Fantasie für ein Film abgelaufen sein mag, ich wüsste keinen Kollegen, der auch in sexuellem Notstand bereit gewesen wäre, dem Wunschdenken der Dame entgegenzukommen.

Im allseits berühmten Kaufhaus „GUM" konnte ich einen großen, derb gearbeiteten, dunkelgrünen Rucksack erwerben, in dem mein Samowar Platz fand und der mit viel schmutziger Wäsche gepolstert wurde. Der von den Kollegen viel belächelte Pappkarton hatte endgültig ausgedient.

Kurt Edelhagens Olympia-Band mit den hellblau-türkis leuchtenden Sakkos gab ihr letztes Konzert und beendete damit diese außergewöhnliche Tournee. Am späten Abend gab es noch ein Abschiedsessen, bei dem Henry sein letztes Tournee-Omelett genießen konnte und alle noch einmal, allerdings ohne Wehmut, das russische Bier tranken. Als ich danach in meinem Zimmer die letzten Sachen zusammenpackte, erschien Tanja mit Oleg, der durch sie fragen ließ, ob er meinen Braun-Rasierer mal benutzen dürfte. Ich erlaubte es ihm gern, und er war nach der Rasur hellauf begeistert von diesem kapitalistischen Luxusartikel. Tanja machte mich noch darauf aufmerksam, dass ich im ungünstigsten Fall bei der Flughafenkontrolle für den Samowar noch einmal den gesamten Kaufpreis als Ausfuhrzoll zahlen müsste.

Am nächsten Morgen auf dem Flughafen näherte sich der spannende Moment in Form eines mit einer Kalaschnikow bewaffneten Soldaten, der mich ultimativ aufforderte, den Rucksack zu öffnen. Nachdem ich einen Teil der Wäsche entfernt hatte, kam mein in Chrom blitzendes Juwel zum Vorschein und ich sagte nur: „Samowar." Darauf zeigte er ein strahlendes Gesicht, nickte und sagte auch nur: „Samowar", wobei er mir mit einer Handbewegung signalisierte, weiterzugehen. Ich hatte wahrhaftig einen Seelentyp erwischt!

Ursprünglich war der Rückflug Moskau- Köln mit der Lufthansa geplant, da die Band am nächsten Morgen im Cornet-Studio einen WDR-Termin hatte. Stattdessen stand eine „Tupolew" der Aeroflot bereit und flog uns gegen unseren Willen nach Paris, was den Arbeiter- und Bauernstaat offenbar weniger kostete. Der Mohr hatte seine Schuldigkeit getan und Kurt war stinksauer. Nach einigen Stunden Aufenthalt in Paris gab es eine Lufthansa-Maschine, die spät am Abend in Köln landete.

Wodkapause

Wilton Gaynor und Heinz Kretzschmar

Valente-Show

Karl-Heinz Kästel

Kenny Claire

Am nächsten Morgen um 10 Uhr saß die Band im Cornet-Studio, um einen Großteil des Tournee-Programms für den WDR aufzunehmen. Ferdy Klein war natürlich auch da und schien sichtlich froh, seine „Studio-Mafia" wieder komplett zu haben. Bei der Begrüßung ging Charly mit ausgestreckter Hand auf Ferdy zu, der sich abwandte und nur kurz angebunden: „Grüß dich" sagte. Charly hatte die Kölner Studio-Szene in jüngster Zeit zweimal sozusagen über Nacht verlassen, um bei Max Greger einzusteigen. Nur hielten es die beiden nie lange miteinander aus; sie waren sich vom Temperament her zu ähnlich. Und Ferdy? Der ließ derartige Eskapaden nicht ungestraft zu.

No Return to the „Mafia"!

Wir spielten in dieser Besetzung einige Tage später noch den „Ball der Nationen" in Düsseldorf, dann kehrten Hanne Wilfert und Mäcki Schäning wieder an ihre Stammplätze zurück. Am Schlagzeug saß wieder Hans Doelle oder Speri Karras. Ronnie Stevenson war in Berlin bei Paul Kuhn eingestiegen, kam aber, wenn er Zeit hatte, hin und wieder zu uns. Mein Kollege Toni wurde nicht mehr engagiert, weshalb ich künftig allein spielte.

Im Studiogeschäft konnte sich am Schlagzeug Garcia Morales aus Brüssel etablieren. Er war ein sehr zuverlässiger und vielseitiger Trommler mit sicherem Timing, so dass wir mit Francis Copieters und Helmut Kandlberger eine solide Basis für alle Aufgaben im Studiogeschäft bildeten. Nachdem Garcia einige Monate in Köln gespielt hatte, wurde er für eine zweitägige Produktion in Brüssel gebucht. Als er sich am zweiten Tag an sein Schlagzeug setzen wollte, musste er feststellen, dass jemand die Trommelstöcke durch beide Felle seiner Snare-Drum gestoßen hatte, so dass diese darin steckten und wie ein Mahnmal aus der Trommel ragten. Mit Sicherheit war es die Kampfansage eines stark angesäuerten Konkurrenten.

Bei TV-Live-Shows z.B. der Caterina Valente-Show unter der Leitung von Heinz Gietz waren meist Jean Warland am Bass und Kenny Claire oder Ronnie Stevenson am Schlagzeug, Francis Copieters Piano, Karl-Heinz Kästel und ich Gitarre und fast sämtliche Bläser von Edelhagen. Mit Caterina Valente zu arbeiten war stets ein besonderes Erlebnis. Bei Aufnahmen im Studio mit Big-Band plus Streichern und Arrangements von Heinz Kiessling sang sie direkt Live mit. Ich kenne keine Gesangssolistinnen- oder -solisten, die so perfekt waren wie die Valente, die wir intern immer Katrin nannten.

Erste Begegnung mit Paul Kuhn

Etwa zu dieser Zeit wurde ich ins Elektrola-Studio bestellt, um mit Paul Kuhn in kleiner Besetzung eine LP „Pauls Party" mit Jean Warland, Bass und Bruno Castellucci, Schlagzeug einzuspielen. Es war das erste Zusammentreffen mit Paul, und da er mit der Zusammenarbeit sehr zufrieden war und wir uns vom ersten Moment an gut verstanden, bestellte er mich immer, wenn er vertragsgemäß in Köln jährlich eine oder zwei LPs produzierte. Ähnlich war es mit Helmut Zacharias, Caterina Valente, Ilse Werner, Wolfgang Sauer, Gitte, Irene Sheer, Mary Roos, Golden-Gate Quartet, Hugo Strasser, Max Greger Junior und anderen Solisten oder Produzenten, die bei Ferdy Klein die Musiker bestellten, wodurch ich meine Position in dieser Szene weiter festigen konnte.

Ilse Werner, die mich bei jeder Begrüßung anlässlich einer Produktion mit den Worten: „Mein Lieblingsgitarrist" umarmte, sah ich schon in den 40er Jahren als UFA-Star in Kino-Filmen und hörte sie singend und pfeifend im Radio. Etwa 1950 erlebte ich sie Live mit dem Orchester Kurt Hohenberger in Husum auf der Bühne, was ich ihr in den Aufnahmepausen unter anderem erzählte.

1975: Harald Banter und die Media-Band

Mein Kollege Werner Dies wurde im Studio kaum noch beschäftigt und konzentrierte sich aufs Arrangieren. Mir war es vor allen Dingen immer wichtig, neben der Studioarbeit in einer guten Band zu spielen, um einerseits die Live- Erfahrung ins Studio zu übertragen und andererseits die Studiopräzision mit auf die Bühne zu bringen.

So konnte ich quasi als Nachfolger des Gitarristen Stefan Dietz, der mich weiterempfohlen hatte, über einen längeren Zeitraum auch bei Harald Banter spielen, wo ich u. a. mit den Saxofonisten Heiner Wiberny, Karl Blume und Trompeter Jon Eardley zusammentraf und auch mit dieser Band WDR-Produktionen, Live-Auftritte im Fernsehen oder die eine und andere Gala machen konnte, was glücklicherweise nie mit den Edelhagen-Terminen kollidierte. Kurt nahm mich manchmal auf die Seite und sagte in seiner ruhigen Art: „Du bist mal wieder fremd gegangen, ich hab dich im Fernsehen gesehen. Aber du hast ja eine Familie und musst schließlich Geld verdienen."

Mein erster Termin bei Banter im WDR-Studio 7 verlief für mich äußerst unbefriedigend, weil meine Gitarre auf dem ersten Titel ausgesprochen dumpf und indirekt klang. Auch die Kollegen meinten, sie hätten mich so noch nie gehört. Der Toningenieur, ein älterer Jahrgang, versprach umgehend Abhilfe und fummelte am Mikrofon und am Mischpult herum, aber es änderte sich auch beim zweiten Titel nichts. Da die Technik gerade von Einspur (Schnürsenkel) auf Vierspur umgestellt wurde, schien dieser Toningenieur total überfordert. Am nächsten Tag entschuldigte er sich und sagte, mein Mikrofon sei defekt gewesen, man hätte mich über das Mikrofon der Saxofone gehört. Was gab es dazu noch zu sagen? Auf dem freien Markt hätte der Mann nicht den Hauch einer Chance gehabt, hier aber war er fest angestellt, sozusagen lebenslänglich!

Im weiteren Verlauf der Zusammenarbeit mit Harald Banter konnte ich bei zahlreichen interessanten Aufnahmen und Fernseh-Shows mitwirken. So z.B. mit der Sängerin Greetje Kauffeld, die deutsche Schlager aus den 30er und 40er Jahren sang. Die Arrangements hatte Jerry van Rooyen geschrieben, und die Band klang hervorragend.

Auch Evelyn Künneke konnte ich einige Male am WDR begleiten. Ich lernte sie bei einer Produktion mit Harald Banter kennen und erzählte ihr, dass ich sie schon in den 40er Jahren im Radio gehört und in einem Musikfilm gesehen hätte.

Während einer Pause auf dem Weg zur Kantine ging sie neben mir, hakte sich bei mir ein, drückte ihren übermächtigen Busen an meinen Arm und hauchte: „Sag mal, Schätzchen, könntest du mich bei der nächsten Nummer mit ein paar geilen Fills bedienen?" Ich sagte, dass ich das durchaus könnte, nur müsste man den Bandleader fragen, denn in meinen Noten würde davon nichts stehen. Der entschied sich jedoch für das im Arrangement vorgesehene Altsaxofon. Somit wurde mir die einmalige Möglichkeit genommen, die Solistin mit geilen Fills zu bedienen.

Trompeter und Freund Jon Eardley

Bei der Banter-Band war zwei Jahre zuvor der amerikanische Trompeter Jon Eardley eingestiegen, der mit dem Gerry Mulligan-Quartett plus Zoot Sims anlässlich einer Tournee nach Europa gekommen war und am Ende der Tournee in Brüssel blieb, wo er seine Frau kennen lernte, in einer Papierfabrik arbeitete und nebenbei mit belgischen Musikern

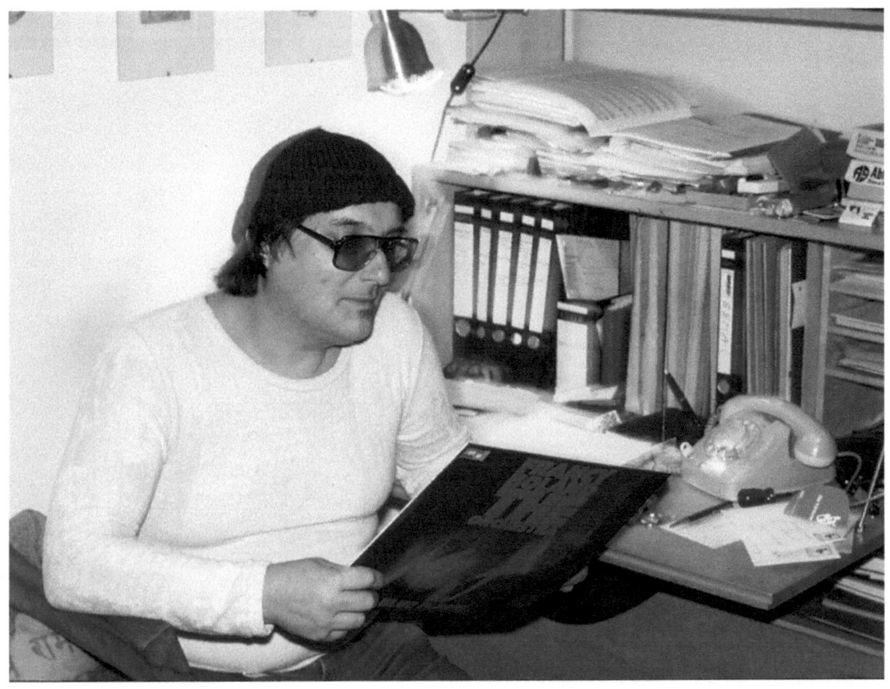

Jon Eardley sichtet Toms Platten

den einen oder anderen Jazz- Gig spielte. Durch den Vertrag mit Harald Banter siedelte er mit Frau und zwei Kindern in einen Wohnpark in der Nähe von Köln über, wo auch ich mich zuvor niedergelassen hatte.

So lernte ich Jon, der nur wenige Appartements von mir entfernt wohnte, als Nachbar kennen. Und da sein Plattenspieler kaputt war und er nur wenige Platten besaß, kam er regelmäßig zu mir, um Clifford Brown, Sonny Rollins, Miles Davis, Horace Silver und die ganze Hard-Bop Riege zu hören, wodurch letztlich eine langjährige Freundschaft entstand. Natürlich hatte ich auch LPs von Mulligan und dem legendären California-Concert mit Baker-Nachfolger Jon Eardley plus Zoot Sims. Jon erzählte mir Stories von Chico Hamilton, Red Mitchel und natürlich Mulligan, der häufig besoffen oder bekifft war und die viel zu schnell eingezählten Tempi auf seinem Bariton trotzdem souverän durchzog. Jon selbst war in Amerika durch den Leistungsdruck auch in die Drogenszene geraten, machte aber eine mehrjährige Entziehungskur, auch noch in Köln.

Jon Eardley mit Chet Baker

Tony Scott mit Chet

In Amerika stand er mit eigenem Quartett bei der Plattenfirma „Prestige" zur gleichen Zeit wie Miles Davis unter Vertrag, der bei der gleichen Firma auch mit einem Quartett verpflichtet war, bevor er sein legendäres Quintett gründete. Jon traf zufällig in New York bei „Prestige" mit Miles zusammen, der bei der Plattenfirma keinen Lizenz-Vorschuss bekommen hatte und übel gelaunt Jon wegen Stoff anbaggerte. Der hatte aber selber nichts, worauf Miles ihn unter anderem als verdammtes Arschloch beschimpfte und sich entfernte.

Als ich nach Köln ganz in die Nähe des Cornet-Studios umzog, folgte auch Jon Eardley, der sich mit seiner Familie eine Straße weiter niederließ. Bei uns fanden öfter kleine Gartenpartys statt, und Jon erschien bei einem dieser Events mit Chet Baker und Tony Scott, die am Abend zuvor im Kölner „Subway" gespielt hatten. Chet, Jons Vorgänger bei Gerry Mulligan, war ein ruhiger, sympathischer Typ aus Arizona, und wir sprachen lange über die West-Coast-Szene, Atlantic-Records, Mulligan und seine eigenen Sextett-Aufnahmen, von denen ich eine LP besaß.

Tony Scott dagegen, sehr zupackend und diskussionsfreudig, packte seine Klarinette aus und blies Themen von Charly Parker, wobei er jeweils seine Soft- und Power-Spielweise demonstrierte, denn er konnte auf der Klarinette einen enorm voluminösen Ton entwickeln, was natürlich den Protest der Nachbarschaft auslöste, so dass wir uns wieder in Gespräche, Bier und Wein vertieften. Ich hatte in früheren Jahren zwei LPs von Tony Scott und konnte ihm auch Besetzung und teilweise die Titel nennen, nur bei der zweiten LP fehlten personelle Angaben. Tony nannte mir die Musiker, darunter den Pianisten, den bis dahin noch unbekannten Bill Evans, der auf dieser LP bei ihm sein Platten-Debüt gab.

v. l. Hanne Wilfert, Tom Wohlert, Hans Günter Wagener in Toledo

1976: Madrid und Lissabon

Wir flogen mit Edelhagen nach Madrid, um drei Tage für die Firma IBM zu spielen. Kurt hatte mich nach zähem Bemühen bei Ferdy Klein losgeeist, und ich konnte die anstehenden Titel später synchronisieren. Auf dem Flugplatz in Madrid wartete allerdings eine Überraschung auf mich. Mein Gitarrenverstärker, ein schwerer „Fender Twin- Reverb", kam auf einem Förderband, welches aus Eisenrollen bestand, auf der Frontseite liegend, dahergerumpelt. Da er nur in einer Kunststoffhülle steckte (leichtsinnigerweise), waren sämtliche Bedienungsknöpfe abgebrochen, und das wacklige Gehäuse glich eher einem ausgedienten Reisekoffer. Auf der Bühne zeigte sich dann die Qualität meines Verstärkers. Die Röhren und Lautsprecher waren unversehrt, nur die Metallstifte der abgebrochenen Bedienungsknöpfe musste ich umständlich mit einer Zange regeln.

Als Gesangssolistin war Betty Dorsey engagiert. Außerdem trat traditionsgemäß eine Flamencogruppe auf, bei der mich die Gitarristen nachhaltig beeindruckten. Diese wiederum standen neben der Bühne und verfolgten leicht ungläubig mein Treiben auf der E -Gitarre mit den diversen Effektgeräten.

Ein ähnliches Engagement für IBM fand ein Jahr später noch einmal in Lissabon statt, wo ich am Tag davor wegen Aufnahmen in Köln die Probe mit dem Solisten nicht mitmachen konnte. Da es Roberto Blanco war, den ich schon häufiger begleitet hatte, konnte ich einen Tag später fliegen. Eine seiner Nummern begann immer mit einer spanisch angelegten Solo-Gitarreneinleitung, vor der er mich immer als Jose- Fernando- Antonio- Ramiro- Müller ankündigte, worauf das Publikum stets erheitert reagierte, ich mein Pflicht-Lächeln aufsetzte, mich verbeugte und dann die Einleitung spielte.

Als die Band an einem Sonntag in München bis etwa 2 Uhr oder später eine Gala spielte, mussten Schlagzeuger Garcia Morales und ich um 10 Uhr morgens in Köln zwecks Aufnahmen bei der EMI auf unserem Stuhl sitzen, weshalb wir nach einem kurzen Schlaf unser Frühstück herunterwürgten und müde einen Jumbo-Jet bestiegen, wo wir alsbald in einen leichten Dämmerschlaf verfielen. Den Flug hatte Ferdy Klein über die EMI gebucht, die auch sämtliche Kosten übernahm.

Während der Aufnahmen fühlte ich mich zunächst einmal ziemlich fit. Doch im Verlauf der Session änderte sich dieses Empfinden, was bei einem langsamen Titel mit sehr wenigen Akkorden und dem Schwierigkeitsgrad 0 dazu führte, dass meine Augen zufielen und ich in einen Sekundenschlaf versank. Als ich zusammenzuckend erwachte, musste ich erstaunt feststellen, dass ich immer noch spielte und mich mit meinen Kollegen korrekt im Timing befand. Das alles konnte nur geschehen, weil ich bei dieser eintönigen Nummer vier Takte lang den gleichen Akkord zu spielen hatte und wie ein Roboter agierte. Beim Autofahren endet so etwas oft tödlich, aber hier wachte Ferdy, der Ohren wie ein Luchs hatte, über die Aufnahmen und hätte jegliche Ungenauigkeit bemerkt.

Otto Bredl und seine Attacken

Der WDR verpflichtete die Edelhagen-Band, wie schon in den Jahren zuvor, für die Tonaufnahmen der TV-Sendung „Klimbim" unter der Regie von Michael Phleghaar mit Ingrid Steger im Rhenus- Studio. Die Arrangements schrieb Heinz Kiessling, der als Pianist Anfang der fünfziger Jahre Erich Becht in der Band ablöste. Die „Klimbim"-Arrangements von Heinz Kiessling waren alles andere als leicht zu spielen, da häufig kabarettistische Nummern mit vielen Takt- und Tonartwechseln vorkamen.

Bei einer TV-Live-Show mit internationalen Stars in der Dortmunder Westfalenhalle sagte Edelhagen nach einer langen Probe: „Meine Herren, bitte 20 Uhr eingestimmt sitzen!" Die Antwort ertönte aus Richtung der Posaunen in Form einer lautstarken Blähung. Und da jeder wusste, wer der Hinterbackenbläser war, traf ihn ein leicht strafender Blick vom Chef. Otto Bredl war auf der Posaune als „His Master´s Voice" bekannt und konnte nicht nur auf seinem Instrument einen starken Ton entwickeln. In diesem Fall hätte man auch sagen können:„His Master's Noise". Manchmal entschuldigte er seine Geräusch-Einlagen mit dem Hinweis, es sei halt ein altes Kriegsleiden.

Bei Galas und besonders bei Fernsehshows trat meist auch ein Ballett auf, welches von den Musikern stets mit verstärktem Interesse wahrgenommen wurde, besonders wenn der weibliche Teil des Balletts leicht bekleidet war. Wenn dann die Mädels während der Probe mit dem Rücken zum Orchester standen, ertönte gelegentlich aus der Trompeten- und Posaunenreihe der Ruf: „Alles bücken!", worauf in der Band laut gelacht wurde. Dann folgte aus der vorderen Reihe die Aufforderung: „Ruhe im Glied!", was wieder mit Gejohle quittiert wurde, bis die Stimme des Regisseurs dem Ganzen mit: „Ich bitte das Orchester um Ruhe!" ein Ende bereitete.

Bei einem Ball in Ulm ritten Otto mal wieder oppositionelle Gefühle, ich weiß nicht warum, gegen wen oder was. Jedenfalls blies er im Satz einzelne Töne an den unmöglichsten Stellen sehr laut. Die vor ihm sitzenden Saxofonisten drehten sich kopfschüttelnd um und Kurt beschwichtigte ihn mit entsprechenden Handbewegungen.

Wir gingen nach dem Ball noch in ein Bierlokal und setzten uns an einen langen Tisch, an dem eine Hochzeitsgesellschaft feierte. Ich kam mit einer neben mir sitzenden jungen Dame ins Gespräch, und wir unterhielten uns über Ulm, Gott und die Welt. Otto, in Bierlaune, saß schon auf der Lauer, hörte unserem Gespräch zu, trommelte mit den Fingern unruhig auf der Tischkante herum und sagte schließlich zu meiner Nachbarin: „Sagen Sie mal, wissen Sie eigentlich, wer ich bin?" Ich stellte ihn kurz als Kollege Bredl vor, worauf er sagte: „Ach was, ist doch völlig egal, wer ich bin, aber was ich bin: Hören Sie mal, ich bin der größte Ficker im Lande, und zwar der allergrößte!" Ich entschuldigte mich für ihn bei der Dame und gab ihm ein Zeichen, ruhig zu sein aber er wiederholte noch einige Male: „Der Größte, der Allergrößte!" Danach stand er auf und ging.

Kurz darauf entschloss auch ich mich, zu gehen und sah Otto in der Nähe des Ausgangs inmitten etlicher Gäste an der Theke stehend ein Bier trinken. Er hatte seinen Mantel an, der geöffnet war, aber nicht nur der Mantel, denn er stand dort Bier trinkend und pinkelte, von den umstehenden Gästen unbemerkt, an die Theke, weshalb er mitten in einer Urin-

Pfütze stand und zufrieden vor sich hin grinste. Ich nahm ihn am Arm, und beim Verlassen des Lokals drehte er sich noch einmal um, wobei er laut in die Runde rief: „Der große Wurf ist uns gelungen, es gibt Pariser für die Zungen!". Auf dem Weg ins Hotel kam Otto einige Male vom Kurs ab und ich musste ihn von der Fahrbahn auf den Gehsteig zerren, während er immer wieder laut verkündete: „Der Größte, der Allergrößte!"

„Prognose" am WDR

Im WDR-Studio B sollte mit Katja Ebstein eine TV-Show aufgezeichnet werden. Sie hatte aus München noch ihren Gitarristen Siggi Schwab mitgebracht, der dort mit ihr die neue LP eingespielt hatte. Als wir die Titel durchgespielt hatten, erschien der zuständige Redakteur und sagte: „Herr Edelhagen, Herr Wohlert darf nicht spielen, er ist unter die Prognose gefallen. Der Computer hat signalisiert, dass er in fast allen WDR-Formationen spielt und die Gefahr auf Anspruch an eine Festanstellung besteht."

Niemand hier hatte in diesem Zusammenhang jemals etwas von einer Prognose gehört. Kurt sagte nur: „Herr Siegel, wenn Herr Wohlert nicht spielen darf, findet diese Sendung nicht statt!" „Ja, man könnte doch kurzfristig einen Ersatz für ihn finden." „Nein, ich brauche ihn und niemand anderen." Der Redakteur sagte, es sei heute das letzte Mal und ging. Ich bedankte mich bei Kurt für seinen Einsatz, worauf er meinte: „Du musst dir für die Zukunft etwas einfallen lassen."

Ich musste vorläufig die Mitarbeit bei allen WDR-Bands unterbrechen inklusive Harald Banter, dessen Vertrag mit seiner Media-Band beim WDR in naher Zukunft aufgelöst werden sollte, weshalb sich die Musiker mit dem WDR zwecks Festanstellung in einem Rechtsstreit befanden. Obgleich ich kein vertragliches Mitglied der Media-Band war, wollte Heinz Geese mich für 60% Anstellung ins Rundfunkorchester holen, aber ich lehnte ab, weil mir die Arbeit in dieser Musikbeamten-Atmosphäre auf Dauer nicht behagt hätte. Mich zog es zur freien Studioszene mit frischen Musikern, Produzenten und Tonmeistern, wo ich mittlerweile voll integriert war und innerhalb der „Studio-Mafia" für fast sämtliche Produktionen bestellt wurde.

Seit Einführung der Prognose beim WDR durften Gitarristen und andere Musiker vom freien Markt nur noch wenige Tage im Monat dort spielen und mussten danach ein bis zwei Monate pausieren, was zur Folge hatte, dass aus München, Hamburg und Berlin wechselweise Gitarristen engagiert wurden, wobei Flugkosten, Hotel und Spesen offenbar keine Rolle spielten.

Eines Vormittags etwa um 10:30 Uhr war Harald Banter am Telefon und fragte, ob ich mit E-Gitarre sofort ins Studio 7 kommen könnte, es sei etwas vorgefallen und es gäbe für mich wegen der Prognose eine Ausnahme- Genehmigung. Ich sagte zu und erschien eine knappe Stunde später als Retter in der Not im Studio 7, wo die Band und der Gastdirigent und Arrangeur Martin Böttcher, bekannt als Serien-Komponist sämtlicher Winnetou-Filme, auf mich warteten. Nachdem wir einige Takes aufgenommen hatten, erfuhr ich auch den Grund meines Noteinsatzes.

Ein Gitarrist aus München, der am Tag zuvor seinen Job gut gemacht hatte, war an diesem Morgen verspätet und noch leicht betrunken am WDR-Eingang erschienen und weigerte sich, sich wie üblich in die Besucherliste einzutragen, wobei er diese mit dem Kuli zerkritzelte, dann zerriss, sich selbst als Terrorist bezeichnete, durch die Halle zum Aufzug rannte und dann im Studio weiter randalierte und alle Anwesenden beschimpfte. Er wurde daraufhin von Harald Banter umgehend von seinem Job suspendiert und zurück nach München geschickt. Man sagte, der Grund für sein Verhalten sei ein Disput mit seiner Ehefrau gewesen, und hinzukommt, dass er als alkoholgefährdet und drogenabhängig galt.

Einige Zeit darauf, während einer Fernsehsendung, fragte mich Dieter Reith, der die Bigband leitete, ob ich Zeit und Lust hätte, eine Katja Ebstein-Tournee zu spielen. Ich hatte zwar Lust, aber leider keine Zeit, worauf Dieter mir erzählte, er hätte den Gitarristen XY aus München engagiert, nachträglich aber einiges über dessen charakterliche Schwächen erfahren und vorsichtshalber umgehend den Vertrag mit ihm gekündigt, ob ich den Kollegen denn kennen würde. Nun, ich kannte ihn nicht persönlich, konnte aber dessen Probleme bestätigen und erzählte Dieter die nicht alltägliche Geschichte von meinem Rettungseinsatz bei Harald Banter am WDR.

Nur wenige solcher oder ähnlicher Vorkommnisse können selbst einem hervorragenden Musiker zum Verhängnis werden, sozusagen als Job-Killer.

Tom rastet aus

Eine LP wurde meist an einem Tag eingespielt. Es begann um 10 Uhr und endete gegen 18Uhr. Im Ausnahmefall wurde anschließend nach einer halben Stunde Pause mit einer weiteren LP begonnen bis etwa Mitternacht.

Am nächsten Morgen saßen wir wieder um 10 Uhr im Elektrola-Studio auf unserem vertrauten Stuhl. Beim Durchspielen des ersten Titels bekam ich aufgrund eines Schaltfehlers im Regieraum ein mörderisches Pfeifen in meinen Kopfhörer, worauf ich nur noch laut: „Scheiße!" rief. Nach kurzer Zeit passierte das Gleiche noch einmal, und ich rief: „Verdammt noch mal, pass doch gefälligst auf!". Aber es war offenbar noch nicht genug. Während der folgenden Aufnahme kriegte ich wieder die volle Pfeifattacke ins Ohr und ich brüllte: „Leck mich am Arsch!". Dabei riss ich den filigranen Sony-Kopfhörer herunter, zwirbelte ihn mit beiden Händen zu einem Knäuel, warf ihn auf den Boden und machte das Ding mit drehendem Absatz platt. Dann verließ ich das Studio, ging eine Treppe hinunter in die Kantine und bestellte an der Theke ein Bier. Nach ca. 5 Minuten erschien Ferdy, der sonst häufig herumbrüllte, in der Tür und fragte mich mit gedämpfter Stimme: „Kommst du wieder?". Ich nickte, ließ das Bier stehen und ging ins Studio, wo die still grinsenden Kollegen warteten und ein neuer Kopfhörer auf meinem Stuhl lag.

Die Aufnahmen gingen reibungslos weiter, so, als sei nichts gewesen.

Ein Traumtänzer

Es gab junge Gitarristen, die gern im Studio gespielt hätten und meinten, sie könnten dort so richtig einen bringen. Einer von ihnen wandte sich an unseren Schlagzeuger Garcia Morales und meinte, was der Tom da zu spielen hätte, könne er doch auch, worauf Garcia ihm sagte: „Komm mal morgens um 10 Uhr ins Studio und setz dich auf Toms Stuhl, der ist so heiß, dass du dir den Arsch verbrennst!". Eines Tages erschien so einer in der EMI, ich glaube er hieß Harry, inspizierte meine Instrumente und fragte, ob er bei der Aufnahme neben mir sitzen dürfte. Ich gab ihm mein O.K. Als er die Noten sah, meinte er, ich hätte sie schon Tage vorher gesehen. Ich sagte ihm: „Die sehe ich im Moment, wie immer, zum ersten Mal." „Oh!".

Wir spielten einige Titel für eine Fernsehsendung im Quartett mit Dieter Reith, Jean Warland und Klaus Weiss. Schließlich war ein langes Swing-Medley dran. Der Typ neben mir sah die Noten mit ständig wechselnden Akkorden und fragte ungläubig: „Muss man so etwas im Studio auch spielen, das sind ja sooo viele Akkorde!" Ich klärte ihn auf und sagte: „Dies ist ein Job ohne Netz und doppelten Boden, man weiß vorher nie was kommt. Und was sehr wichtig ist: man ist in diesem Geschäft immer nur so gut, wie man beim letzten Mal war. Hier könnte man manchmal statt „Good Morning" auch „Good Warning" sagen."

Ich sah ihn eine lange Zeit nicht mehr.

Etwa ein halbes Jahr später wurde ich angerufen, um im kleinen Cornet-Studio Mandoline zu spielen. Als Gitarrist hatte die Produktionsfirma zu meiner Verwunderung Harry bestellt, der mich freudig begrüßte und etwas großkotzig meinte, er hätte jetzt bessere Instrumente als ich und käme auf diese Weise ins Studiogeschäft. Nach dem Durchspielen des ersten Titels sagte der Produzent zu Harry, er möge das Instrument noch einmal stimmen. Wir starteten eine Aufnahme, die aber vorzeitig abgebrochen wurde, und man bat mich nach weiteren Versuchen, meine 12-String-Gitarre aus dem Auto zu holen und den Titel zu spielen. Das gleiche Schauspiel wiederholte sich mit der Naturgitarre und danach auch mit der E-Gitarre.

In dem kleinen Studio roch es mittlerweile auffällig stark und unangenehm nach Achselschweiß. Es war eindeutig Harrys Angstschweiß.

Die Mandoline konnte ich anschließend synchronisieren. Harry räumte kleinlaut ein, er hätte die Instrumente in einem Musikhaus geliehen, was natürlich ein großer Fehler war, denn Gitarren, die länger in einem Laden hängen, haben oxydierte Saiten, die nicht klingen, sind nicht justiert und können auf Anhieb weder richtig klingen noch stimmen. Mit einer so genannten „Plantagen-Stimmung" lässt sich jedenfalls kein Studiojob machen.

Nachdem Harry unverrichteter Dinge die Instrumente wieder eingepackt hatte, gab ich ihm noch einige Tipps mit auf den Weg, sah ihn aber nie wieder.

Nobody is perfect, but who wants to be Nobody!

Ironischer Zwischenruf

Das Edelhagen-Orchester spielte einen Ball für den HSV im Hamburger Congress- Center (CCH). Nachts um 1 Uhr etwa, als jeder glaubte, es sei Feierabend, verkündete Kurt: „Und nun, meine Herren, geht noch eine Dixieland- Besetzung für eine Stunde in den kleinen Saal." Ich rief spaßeshalber: „Aha, Strafkommando „Potemkin". Darauf Kurt: „Tom, Scheiße!" Es folgte ein lautes Gebrüll der Band. Kurz danach kam Kurt zu mir, legte seine Hand auf meine Schulter und sagte entschuldigend, er habe es nicht so gemeint, aber wir müssten schon mal in Ausnahmefällen kleine Zugeständnisse machen. Ich erwiderte, ich hätte es auch nicht so gemeint und alles war wieder geklärt.

Kurze Zeit darauf waren wir wieder in Hamburg und spielten vormittags einige Stunden bis zum frühen Nachmittag. Am Ende der Matinee sagte Edelhagen: „Und nun, meine Herren, Tom, sei ruhig!",.... „Ich hab noch gar nichts gesagt!" Es folgt wieder mal brüllendes Gelächter, ---„ noch eine Dixieland-Besetzung für eine Stunde. Danach gehen wir direkt zum Bahnhof."

Der Bahnhof befand sich direkt neben dem CCH. Die meisten der Kollegen hatten sich in Ruhe umgezogen und waren schon zum Bahnhof gegangen. Wir Dixielandtypen kletterten nach unserem Job im Smoking unter Zeitnot über eine Absperrung auf den Bahnsteig, wo sich einige direkt umzogen. Das heißt, sie standen teilweise in der Unterhose mit freiem Oberkörper neben dem offenen Koffer in der prallen Nachmittagssonne, wobei sie von den übrigen Kollegen laut johlend mit Applaus bedacht wurden, während die übrigen Bahnreisenden verwundert die Köpfe schüttelten. Auch als sich nach Abfahrt des Zuges der Rest der Dixie- Geschädigten im Abteil umzog, traf uns so manch irritierter Blick.

Soll mal einer sagen, wir seien keine Show-Band gewesen!

1977: Vergessener Reisepass

Der Opernball in Salzburg war angesagt, und die Band traf sich im Kölner Hauptbahnhof. Kurt fragte seine Tochter Marina, die derzeit Band-Sängerin war, ob sie auch ihren Reisepass dabei hätte, was sie verneinte, worauf der Vater stinksauer reagierte. Nach langer Fahrt beim österreichischen Zoll angekommen, musste Kurt feststellen, dass auch er seinen Reisepass vergessen hatte. Er zückte kurzerhand eine Autogrammkarte, die ihn als strahlenden Olympia- Bandleader zeigte, hielt diese dem Zöllner hin und sagte: „Ich bin Kurt Edelhagen", worauf der Beamte entgegnete: „Ich kenne Sie nicht, wo ist Ihr Reisepass?"

Wir mussten etwa zwanzig Minuten warten, bis Vater und Tochter einen Ersatzpass hatten. Während dieser nach langer Reise außerplanmäßigen Wartezeit wurden seitens der angesäuerten älteren Kollegen alte Geschichten über Edelhagen ausgekramt, z.B. was er alles falsch gemacht hatte oder hätte besser machen können. Auch seine früheren Alkoholexzesse waren das Thema. Z. B. bei einem Jazzkonzert im Pariser „Olympia" war er so angetrunken, dass er sich am Flügel festhalten musste. Spät nachts hatte er sich zu den Clochards auf die Treppe eines Metro-Eingangs gesetzt und mit 10.- und 20.- Franc-Scheinen um sich geworfen. Am Morgen war er am Flughafen mit nur einem Schuh erschienen. Er bat daraufhin seine Musiker, immer noch unter Alkohol, ihm einen zweiten Schuh zu leihen, was natürlich keiner tat. Im Shuttle-Bus auf dem Weg zur Maschine hielt er sich stehend an einer der Stangen fest, starrte einen wildfremden, irritierten Fahrgast an und sagte lallend: „You play in my orchestra? ---- may be trumpet?"

Endlich erhielten die beiden ihren Pass für Salzburg und wir konnten nach einem sehr guten Abendessen den Opernball spielen, der uns durch kammermusikalische Darbietungen einige längere Pausen bescherte. Dabei kam in der Garderobe das Gespräch wieder einmal auf die Mehrwertsteuer, die zu zahlen sich Kurt bisher immer geweigert hatte. Otto Bredl setzte bei diesem Gespräch endgültig unser Begehren durch. Zwei Wochen zuvor hatte ich es versucht und erhielt die Antwort: „Wenn du mehrwertsteuerpflichtig bist, ist das dein Problem."

Otto beklagte sich anschließend wegen mangelnder Unterstützung bei dem Gespräch und war noch am nächsten Morgen sauer. Das drückte sich unter anderem dadurch aus, dass er auf dem Salzburger Hauptbahnhof bei hellem Sonnenschein und regem Reiseverkehr vom Bahnsteig in hohem Bogen auf die Gleise pinkelte. Später saß er im Speisewagen, trank Bier und stellte sich einem gegenüber sitzenden Fahrgast als Antiquitätenhändler vor, wobei er weit ausholend über Kunstfälschungen dozierte.
Otto war immer für eine Überraschung gut.

Bei Gesprächen über unsere berufliche Situation, Gesundheit und die Zukunft im Allgemeinen pflegte ich gelegentlich zu sagen: „Irgendwann spielt halt jeder seinen letzten Titel." Darauf Otto jedes Mal gewichtig und prophetenhaft:

„Und irgendwann macht jeder seine letzte Nummer!"

Otto und Wilton.

Bei einer Unterhaltung über Namen, Familiennamen und deren Bedeutung fragte Wilton Gaynor in seiner gutmütigen Art: „Was heißt Wilton auf Deutsch?" Otto antwortete prompt: „Wilton heißt Willy." Wilton gefiel das, und wir nannten ihn fortan Willy. Als er fragte: „Und was heißt Gaynor?", war Otto wieder sofort zur Stelle und sagte: „Ist doch klar, Gaynor kommt aus dem Bayerischen und bedeutet Geilmeier. Du heißt also Willy Geilmeier." Der Lacherfolg blieb nicht aus.

Etwa einen Monat danach wurde die Band für den Filmball in München verpflichtet, wo man mir, offenbar nach dem Soundcheck, meine Gitarre total herunter gestimmt hatte, was ich abends erst nach dem Betreten des Podiums und dem direkten Beginn des ersten Titels bemerkte, den ich größtenteils mit Stimmen verbrachte. Es muss ein eingefleischter Max Greger-Fan gewesen sein!

Am folgenden Morgen, alle saßen beim Frühstück, kam per Hotel-Lautsprecher eine Durchsage: „Herr Geilmeier bitte zur Rezeption, Herr Willy Geilmeier!" Wilton wollte es nicht glauben, aber wir ermunterten ihn, dort hin zu gehen, wohin ihm auch einige Kollegen folgten. An der Rezeption stand Otto Bredl und krümmte sich mit rotem Kopf vor lauter Lachen.

1978/79:
Problem mit dem Nachwuchs und erste Hoffnungen

Hin und wieder kam es vor, dass bei der Edelhagen- Band einer der Musiker nicht zur Verfügung stand. Das führte besonders bei den Trompeten zu Engpässen, weshalb ich Jon Eardley empfohlen hatte, der auch gelegentlich mitspielte, wenn er bei Harald Banter abkömmlich war.

Kurt hatte bei einer Veranstaltung einen jungen talentierten Nachwuchstrompeter bestellt. Der erschien vorschriftsmäßig mit Smoking und weißem Hemd, hatte aber die Smokinghose vergessen und stand nun mit Jeans kombiniert auf der Bühne, was für ihn leider kein guter Einstieg war. Nachdem einige Nummern gespielt waren, fragte er Hanne Wilfert, ob er mal erste Trompete spielen dürfte, worauf Hanne sein O.K. gab. Als die Nummer zu Ende war, sagte Kurt in militärischem Befehlston: „Hör mal Junge, setz dich sofort wieder zurück auf deinen Platz und merke dir eines: Du wirst in meinem Orchester niemals die erste Trompete spielen!" Es war sein erster und auch letzter Job in dieser Band. Er machte dennoch als Solist auf seinem Instrument eine beachtenswerte Karriere.

Bei einem Ball im Aachener „Casino" spielte ein in Köln ansässiger, routinierter Trompeter aus der Tanzmusikszene mit uns. Während einer Pause - ich unterhielt mich gerade mit Hanne und Bubi - kam Kurt und fragte leise: „Sagt mal, wie ist denn der Neue?" Hanne mit Nachdruck im Ton: „Schwach auf der Brust, kommt nichts!"
Das war es dann.

Was den Nachwuchs anbelangt, so mangelte es auch bei Aufnahmen im Studio zeitweilig an guten Trompetern und Posaunisten, die die vielfältigen Anforderungen hätten erfüllen können. Ende der 70er Jahre gab es mit dem Trompeter Ingolf Burghardt den ersten Lichtblick. Ihm folgten Rüdiger Baldauf, Thomas Vogel, Martin Auer und weitere. Bei den Posaunen waren es Ludwig Nuss, Günther Bollmann und Peter Veil.

Ansonsten herrschte in den Studios immer noch Hochbetrieb, und es fanden unter anderem Verlagsproduktionen statt, bei denen ich Arrangements beisteuern konnte, nicht zu vergessen den Kölner Karneval mit seinen vielen Interpreten, die alljährlich neue Titel aufnahmen, vor allem in den Studios von Elektrola, Cornet, Rhenus und dem von Giorgio Nedeltchev neu eingerichteten, ehemaligen Ariola-Studio.

Im Studio von Dieter Dierks machten wir mit Edelhagen in einer kleineren Besetzung Werbespots. Der Regieraum dort war sehr klein und eng, und Kurt saß direkt neben der 24-Spur-Maschine, die beim Abhören häufig vor- und zurückgespult wurde. Als bei einer dieser Aktionen zu weit zurückgespult wurde, klatschte von der sich schnell drehenden Spule das Ende dieses ca. 5 cm breiten Tonbandes als schallende Ohrfeige in das Gesicht unseres Bandleaders, der begreiflicherweise äußerst verärgert reagierte und aufgrund dieses Events das sonst hervorragende Studio kein zweites Mal buchte.

Im Cornet-Studio

Mit Günter Noris im Studio

Günter Noris, den ich seit 1972 vom WDR, wo er als Pianist im Tanzorchester tätig war, kannte, wurde Leiter der Bundeswehr-Bigband, mit der er im Cornet-Studio und auch im Nedeltchev- Studio zunächst Live seine Aufnahmen machte. Die Band war zwar mit zwei Gitarristen besetzt, doch er wollte mich zusätzlich immer dabei haben. Zudem war der Zeitgeschmack in der gesamten Popmusik sehr gitarrenorientiert.

Was die Kollegen zunächst irritierte, war die kumpelhafte Art, in der Günter und ich per `Du´ miteinander umgingen, während er seine Musiker distanziert mit `Sie` anredete, teils mit dem Nachnamen, teils mit dem Vornamen. Vielleicht hing das mit der militärischen Rangordnung zusammen, oder mit den Dienstjahren

Ich konnte mir deshalb in dieser etwas steifen Atmosphäre gelegentlich kleine Zwischenbemerkungen nicht verkneifen. Vor einer Aufnahme sagte er in seiner typischen Sprechweise z.B.: „Das Ganze bitte schön rrrelaxt, meine Herren", worauf ich ergänzte: „Schön relaxt, aber reißt euch zusammen!" Die Kollegen in der Band trauten sich daraufhin ein verhaltenes Lachen. Bei einer anderen Gelegenheit: „Bitte beim Spielen unbedingt auf die Dynamik achten", und dann scherzhaft: „Tom, du weißt ja schon länger, was Dynamik bedeutet". „Na klar Günter, Dynamik heißt: Schwach anfangen und dann stark nachlassen!" Da platzten alle inklusive Noris, mit einem befreiten Lachen heraus.

Nach einigen Jahren Bundeswehr-Bigband gründete Günter seine eigene Band, bei deren Plattenproduktionen ich allein alles synchronisierte, was zuweilen auch nervig sein konnte, denn er änderte gern etwas an den Arrangements, auch deren Abläufe, was in der Gitarrenstimme noch nicht eingetragen war und zu Verzögerungen führte. Mit seiner bei einem Bundeswehrlehrgang antrainierten tiefen, gutturalen Stimme sagte er z.B.: „Spiel doch bitte beim Vers den Rhythmus vom Refrain, und beim Refrain denkst du dir etwas Schönes aus." Oder: „Nimm doch lieber die Zwölf-String-Gitarre und stimm bitte noch mal nach."

Da ich stets als Letzter synchronisierte, musste ich recht flexibel sein. „Du spielst genau in der Lage vom Piano, kannst du eine Lage höher spielen?" Das lieben Gitarristen besonders, und ich dachte: Den Letzten beißen die Hunde. Dann kam die Durchsage: „Du klingst jetzt sehr dünn, gibt es noch etwas dazwischen?" Weil es dazwischen nichts gibt, entgegnete ich: „Ich finde eine Lösung." So bewegte ich mich wieder überwiegend in der Mittellage, bevorzugte per Anschlag die höheren Saiten, und der Produzent war zufrieden.

Zusammen mit dem Saxofonsatz hatte ich die Melodie auf der E-Gitarre zu doppeln, und Noris meinte: „Du spielst jetzt so eine Art Shearing-Satz mit den Saxofonen." Kurz darauf: „Du bist viel zu hoch!" „Ich stimme genau 442 mit dem Flügel, dann sind halt die Saxofone zu tief". Es folgt ein kurzes Schweigen, dann eine Diskussion über Stimmung, akustische Wahrnehmung und dergleichen und schließlich die gemeinsame Entscheidung, sich nach Gehör dem Saxofonsatz anzupassen, was letztendlich zu einem befriedigenden Ergebnis führte, obgleich mein Stimmgerät statt der üblichen 442 439 anzeigte.

Beim Einzählen eines Titels trat zuweilen der für Noris typische, leicht skurrile Humor zutage. Bei einem Foxtrott zählte er: „Eins + zwei + nicht zu schnell + ". Bei einem Tango: „Eins + zwei + se-xy Tan-go" oder bei einem Boogie: „Eins + zwei + schwing das Bein +". Hin und wieder sagte er den Musikern: „Bitte die Stimmung noch einmal überprüfen, besser auf die Dynamik achten, das Timing ist auch noch nicht perfekt, aber sonst ist es schon sehr schön". Man konnte oder musste das alles beim Synchronisieren und Abhören der Titel immer wieder hören. Er selber auch.

Als ich beim Synchronisieren zwischenzeitlich mal meinen harten Stuhl verließ, fragte Noris, warum ich denn aufstehen würde, worauf ich entgegnete: „Günter, ich sitze hier seit zwei Stunden auf dem harten Stuhl, mir schläft allmählich der Hintern ein!" Danach ging ich in den Regieraum und erzählte einige deftige Jokes, was dann wieder zur allgemeinen Entspannung beitrug.

Mit diesem harten Stuhl verbindet sich noch ein kleines Ereignis. Ich synchronisierte einen Titel mit der Naturgitarre, allein im Studio vor dem Mikrofon sitzend und ständig mit einer Blähung kämpfend, die ich während einer viertaktigen Gitarren-Pause lautstark über die hölzerne Sitzfläche dröhnen ließ, während der Titel weiter lief. Ich wusste allerdings nicht, dass man im Regieraum das Playback leise hörte und mein Mikrofon zur Kontrolle aufgezogen hatte, so dass meine Geräuscheinlage voll zur Geltung kam. Noris stoppte die Aufnahme und meinte, da sei ein eigenartiges Geräusch auf dem Band, vielleicht der Stuhl oder sonst was. Ich sagte: „Günter, das war weder der Stuhl noch sonst was, das war ich persönlich mit einer befreienden Blähung!"

Wir hörten uns diesen „Furz Direct To Disc" einige Male an und legten eine kleine Pause ein, denn ich konnte vor Lachen nicht weiterspielen. Außerdem musste die Spur an der bewussten Stelle gelöscht bzw. „gereinigt" werden.

Am Ende des Termins sagte Noris mit seiner typischen Stimme: *„Vielen Dank, lieber Tom, ganze LP in weniger als drrei Stunden, alles vom Bllatt, ... Rrrespekt!"*

In seiner Band habe ich übrigens bei Live- Auftritten nie gespielt, aber unsere Zusammenarbeit im Studio währte etwa 25 Jahre.

Das Leben eines Gitarristen kann auch zuweilen mit Gefahren verbunden sein.

Als ich in meinem Wohnzimmer eine E- Gitarre plus Verstärker testete und justierte und zwecks besserer Beleuchtung - die Gitarre in der linken Hand - den metallenen Lampenreflektor drehte, stand ich im gleichen Moment unter Strom. Genauer gesagt: Ich hatte grelles, flackerndes Rot vor den Augen und bewegte mich instinktiv, unartikulierte Laute ausstoßend, rückwärts zum Sofa. Die Lampe klebte an meiner rechten Hand fest und löste sich erst , als ich rückwärts ins Sofa fiel, so dass sich auch die Gitarre aus der Umklammerung meiner linken Hand befreite und auf den weichen Teppichboden fiel.

Nachdem der erste Schock überwunden war, stellte ich fest, dass sich die 6 Saiten der Gitarre schmerzhaft in meine linke Handfläche gebrannt hatten und der linke Unterarm innen bis über den Ellbogen hinaus sich dunkel bis schwarz eingefärbt hatte. Bis zum Herz war es also nicht mehr weit.

Wie das geschehen konnte? Ich hatte bei der Montage der nicht geerdeten Lampe die Isolierung beschädigt, so dass einer der Pole Kontakt zu dem Reflektor hatte. Schuster, bleib bei deinen Leisten.

Ich rief einen befreundeten Mediziner an, der mir dringend riet, umgehend in die Kölner Uni-Klinik zu fahren. Also ließ ich mich in die Klinik fahren, wo ich auf der Intensivstation, an ein EKG angeschlossen, unter Beobachtung die Nacht verbrachte und am Vormittag nach einer Nachuntersuchung die Klinik verlassen konnte. Am Abend saß ich schon wieder, wenn auch leicht angeschlagen, auf meinem Gitarrenstuhl bei Edelhagen in der Kölner Sporthalle, wo die deutschen Fußball-Asse Netzer, Breitner, Seeler, Beckenbauer etc. in zwei Mannschaften aufgeteilt eine Show lieferten und wir in den Pausen einiges aus dem Olympia-Repertoire spielten. Es war ein leichter, unterhaltsamer Job.

Zurück im Studio

Bei Ferdy Klein ging es häufig sehr hektisch zu. Am Ende einer Session, z.B. bei Elektrola, zeigte er auf einzelne Musiker und sagte: „Du, du, du und du morgen früh 10 Uhr!" „Wo?" „Na, hier!" Es kam auch vor, dass bei mir zu Hause das Telefon klingelte, ich den Hörer abnahm und nur hörte: „Morgen 14 Uhr!", peng und aufgelegt.

Wo, hatte er nicht gesagt. Also telefonierte ich herum, bis ich ihn abends bei sich zu Hause erwischte. Er sagte nur: „Ist doch klar, Cornet". Für ihn war das klar.

Bei einer Produktion im Cornet-Studio sagte Francis Copieters plötzlich: „Oh, ich muss dringend auf die Toilette." Darauf Ferdy mit Augenzwinkern zu uns: „Aber beeil dich, wir hängen, um 17 Uhr kommen die Streicher!" „Also, ich bitte dich!" Francis eilte mit zusammengekniffenem Gesäß davon und Ferdy ging, in sich hineingrinsend, in den Regieraum, um zu telefonieren. Wir unterhielten uns über alles Mögliche, und von Eile war keine Spur.

Nach einer Weile erschien Francis sichtlich entspannt und meinte: „Oh, es war wirklich sehr dringend und wahrhaftig eine Erleichterung, man könnte fast sagen, ein Genuss." Ich bemerkte daraufhin: „Nun, Francis, was lernen wir daraus? Besser gut geschissen, als schlecht gefickt!" Alles grölte und Francis sagte wie schon häufig zuvor: „Ohoo, Herr Wohlert, was höre ich da von Ihnen!" Er selbst hätte sich niemals so kernig ausgedrückt, konnte sich aber köstlich amüsieren, wenn andere es taten.

EMI- Produktion in Luxemburg

Die EMI machte eine zweitägige Produktion in Luxemburg mit deutschen Evergreens der 30er und 40er Jahre, die ein niederländischer Sänger in deutscher Sprache interpretierte. Als Rhythmusgruppe wurden Francis Copieters - Piano, Helmut Kandlberger - Bass, Garcia Morales - Schlagzeug, und ich mit Naturgitarre bestellt, um im dortigen Funkhaus mit den Streichern des Luxemburger Sinfonieorchesters Live mit dem Sänger die Arrangements von Erich Becht einzuspielen.

Ferdy, der wie immer die Organisation hatte, bot mir an, mit ihm nach Luxemburg zu fahren. Er wollte mich um 9 Uhr abholen, kam aber erst 9:30, und da er immer auf die Minute pünktlich war, musste er nun seinem großen BMW den Bleifuß geben. Seine Fahrweise war allgemein bekannt oder eher berüchtigt. Auch in der Flensburger Kartei war er kein Unbekannter mehr.

Seine Frau, die auch mitfuhr, sagte zunächst mal nichts. Ferdy, in der Eifel geboren und aufgewachsen, kannte natürlich sämtliche Schleichwege und Abkürzungen, was darin gipfelte, dass er vor einer langen Rechtskurve geradeaus durch eine Parkbucht raste, weshalb seine Frau ihn anschrie und maßregelte. Es war übrigens das erste Mal, dass ich hörte, wie Ferdy ange-

Lou van Burg Show ARD

schrien wurde, sonst schrie immer nur er. Ich war längst auf dem Rücksitz in Deckung gegangen, bis wir letztlich pünktlich in Luxemburg eintrafen.

Die Aufnahmen gestalteten sich für mich erheblich entspannter als die Autofahrt. Es waren deutsche Standards der großen Komponisten aus der Vorkriegszeit, und die Arrangements von Erich Becht in Verbindung mit den Streichern waren wie immer hervorragend. Das Ganze wurde Live in zwei Tagen aufgenommen.

Mir fiel beiläufig auf, dass sich der erste und der Zweite Kontrabassist wie ein Ei dem anderen glichen, und auch noch privat gleich gekleidet waren. Als ich den einen der beiden in einer Pause darauf ansprach, erzählte er mir, sie seien eineiige Zwillinge, die in jungen Jahren beide Kontrabass lernen wollten. Weil die Eltern aber nur für einen Bass das Geld aufbringen konnten, übten sie beide abwechselnd auf einem Instrument. Später hatten sie ihre Prüfung gemacht und suchten eine gemeinsame Anstellung in einem Orchester, was letztlich im Luxemburger Sinfonieorchester realisiert werden konnte. Getrennt hätten sich die beiden nie. Nur 1939, als die Deutschen in Luxemburg einmarschierten, musste einer von ihnen kurzfristig zum Militär und zwar nach dem Gesetz der Ältere von beiden. Er war zwanzig Minuten früher geboren worden.

Macht oder Ohnmacht der Pförtner

Die Edelhagen-Band hatte im Studio 7 des WDR vormittags eine Produktion, die um ca. 13 Uhr beendet war, so dass einige von uns zeitig um 14 Uhr im Cornet-Studio sein konnten, wo eine Berry Lipman- LP aufgenommen wurde. Da ich an diesem Tage kein Auto hatte, fuhr ich mit Ronnie Stevenson. Als wir mit seinem Mercedes beim Pförtner ankamen, wollte dieser uns nicht herauslassen und meinte, es würde im WDR viel gestohlen werden, ob wir beweisen könnten, dass die Instrumente uns gehörten. Ich übersetzte es Ronnie kopfschüttelnd, und der sprang sofort aus dem Auto, öffnete den Kofferraum und schwang einen schweren Beckenständer indem er auf den Pförtner zuging und auf Englisch schrie: „Ich hau dir deinen dämlichen Schädel ein, du gottverdammtes Arschloch!" Der Typ flüchtete in sein Häuschen, und als Ronnie die Scheibe einzuschlagen drohte, drückte er schnell auf den Knopf, worauf die Schranke endlich hoch ging. Pförtner können schon zuweilen ein gewisses Machtpotential entwickeln, weil sie ja stets den Finger am Knopf haben.

Bei der EMI- Elektrola gab es auch so einen Knilch, der mich zwar reinlassen musste, mir aber eines Tages den freien Parkplatz am Studioeingang verwehren wollte. Es ergab sich folgender Wortwechsel:

„Dieser Parkplatz ist für Herrn XY reserviert."

„Der Herr XY kann auch mal woanders parken,
ich jedenfalls muss meine Instrumente in den 2. Stock tragen und bei
Bedarf noch weitere holen, deshalb bleibe ich hier stehen. "

„Gehen Sie erst mal zum Friseur!"

„Sie haben Ihren Kopf wahrscheinlich nur zum Haare schneiden!"

„Werden Sie nicht frech!" *„Lecken Sie mich am Arsch!"*

Es folgte ein lautes Wutgebrüll, während ich die eiserne Tür hinter mir zuwarf.

1980: Berry Lipman und sein Orchester

Berry Lipman, mit bürgerlichem Namen Friedel Berlipp, war ursprünglich Gitarrist und Schlagzeuger und etablierte sich erfolgreich als Arrangeur, Komponist und Produzent in der Kölner Musikszene, wo er zunächst Anfang der 50er Jahre als Schlagzeuger bei Harald Banter spielte. Als Produzent machte er unter anderem Aufnahmen mit Gitte, Cliff Richard, Dionne Warwick, Charles Aznavour, Sandy Shaw und seinem Berry Lipman-Orchester, mit dem ich zahlreiche LPs einspielen konnte. Diese durch Funk und Schallplatten populäre Band trat aber nur ein einziges Mal bei einem Live-Auftritt am RIAS-Berlin öffentlich in Erscheinung.

Zurück zu Berry Lipman ins Cornet-Studio. Die Musiker spielten gern in dieser Formation, weil es im Gegensatz zu Playback oder Synchronisation eine Band war, die im Studio Live spielte.

Die Besetzung: Hanne Wilfert, Shake Keane - Trompete, Jiggs Wigham, Nick Hauck - Posaune, Heinz Kretzschmar, Karl Drewo, Bubi Aderhold - Saxofone, Claudio Szenkar - Piano, Karl-Heinz Kästel, Tom Wohlert - Gitarre, Jean Warland - Bass und Ronnie Stevenson - Schlagzeug.

Bevor die Aufnahmen begannen, war bei diesem Termin plötzlich von einer LP-Pauschale die Rede, obgleich wir an diesem Tag nur einige Titel aufnehmen sollten. Ronnie: „Was heißt hier Pauschale, ich bekomme jeden einzelnen Titel bezahlt." Dabei begann er umgehend, sein Schlagzeug wieder abzubauen. Friedel Berlipp, alias Berry Lipman, beschwichtigte den aus England gewerkschaftlich erfahrenen Ronnie und sicherte allen das Titel-Honorar zu, womit die Atmosphäre sich wieder völlig entspannte.

Es wurden zwischendurch Jokes erzählt, und als Friedel mal wieder einen Titel einzählte: „One,- two,- one two three xxxxx, ertönte aus der Rhythmusgruppe (Tom) punktgenau auf der Vier ein Rülpser. Die Bläser prusteten vor Lachen und ließen ihre Instrumente sinken. Der Rhythmus grinste und Friedel sagte nur: „Kinder, jetzt seid doch mal ernst." Nach dieser kleinen Geräusch-Einlage verlief wieder alles konzentriert und im Sinne des Produzenten.

Die Zusammenarbeit mit Friedel Berlipp begann schon Ende der 60er Jahre mit der „Jay Five", und seit Gründung der „Berry Lipman Band" bestellte er mich für sämtliche Aufnahmen in dieser Formation.

Gala Bayer-Leverkusen

Garcia Morales, der in der Studioszene bei Ferdy Klein alles spielte, saß nun auch bei Edelhagen am Schlagzeug. Hin und wieder flogen wir nach Berlin, wo wir meist im ICC spielten.

Bei einer disco-ähnlichen Nummer hatte ich ein Wah-Wah-Solo, welches für Kurts Empfinden zu laut geriet, weshalb er mir energisch ein Zeichen gab. Ich deutete auf das Notenblatt, wo rot unterstrichen Solo stand. Da mein Hinweis vermutlich gegen seine Bandleader-Ehre ging, nahm er das Notenblatt und riss es in zwei Teile. In der Pause erhielt Orchesterwart Martin die Order, das Blatt wieder zusammenzukleben. Kurt und ich redeten an dem Abend und auch beim Rückflug nicht miteinander.

Bei einer späteren Gelegenheit meinte er, ich hätte es im Gegensatz zu den anderen nicht nötig, bei ihm zu spielen, da er wusste, dass ich viel beschäftigt war und es mir von Haus aus nicht schlecht ging. Ich konnte ihm aber glaubhaft versichern, dass ich gerne in seiner Band spielte, worauf sich das Klima zwischen uns wieder aufheiterte.

Die Edelhagen-Band spielte stets mit viel Druck und bedingt durch die Arrangements alles andere als leise im Vergleich zu anderen Ball- oder Turnierorchestern wie z.B. Hugo Strasser. Auch sonst konnte die Band ziemlich laut sein. Wenn wir nach unserer Ankunft in den Garderobenraum einfielen und uns laut über dessen Zustand äußerten, schauten uns schon mal irritierte Gesichter von Musikern aus einer Zweitband an, die wegen unserer zahlenmäßigen Überlegenheit meist beflissen für uns Platz machten.

In Berlin wohnten wir immer in einem älteren Hotel in der Nähe des Ku-Damms. Bei einer weiteren Gala fuhr der Bus vom Flughafen nicht in die gewohnte Richtung, weshalb ich Kurt fragte, ob wir nicht in dem gewohnten Hotel übernachten würden. Er sagte: „Nein, weißt du, die wollten uns nicht mehr haben, wir waren nachts immer zu laut, und einer hat beim letzten Mal die Chefin, die er für ein Zimmermädchen hielt, in den Hintern gekniffen." Man konnte zwei- höchstens dreimal raten, wer das gewesen sein könnte.

In unserer Mappe befand sich unter anderem auch der Wenke Myhre- Hit „Ein knallrotes Gummiboot", nach Art von James Last arrangiert, welches keiner von uns wirklich gern spielte. Als wir bei einem Ball wieder mal diesen Schinken hinter uns gebracht hatten, stand Hanne Wilfert auf und zerriss seine Noten. Darauf Kurt: „Hanne, was machst du da?" „Das ist eine Scheißnummer, die spiele ich nicht mehr!" Martin klebte in der Pause die Noten auf Befehl wieder zusammen, und der ungeliebte Schinken wurde noch häufig zu Gehör gebracht.

In dieser Band war immer etwas los, und Kurt hatte sie mit seinem sarkastischen Humor stets im Griff. Bei einer CDU-Veranstaltung mit Heiner Geissler und Bernhard Vogel spielten wir zu Beginn einige Titel und natürlich auch die bekannten Olympia-Nummern.

Ich hatte versäumt, nach dem letzten Titel den Lautstärke-Regler meiner Gitarre zurückzudrehen und blieb mit dem Ärmel meines Smokings an den Gitarren-Saiten hängen, wodurch ein lauter, undefinierbarer Akkord durch die Halle tönte. Und das in dem Moment, als einer der angekündigten Hauptredner sich anschickte, die Bühne zu besteigen.

Das Publikum im Saal lachte, worauf Kurt spontan ans Mikrofon ging und sagte: „Sie hörten soeben Tom Wohlert an der Gitarre." Ich stand auf, zeigte mein breitestes Grinsen und machte eine bühnenreife Verbeugung, worauf ich einen tosenden Beifall erntete und die Situation ohne bitteren Beigeschmack gerettet war.

Am Ende der Veranstaltung, wir waren in der Garderobe versammelt, erinnerte Edelhagen uns noch an einen Termin, der in wenigen Tagen stattfinden sollte: „Hört mal, am Mittwoch 15 Uhr in Essen, Gruga-Halle, wie immer: Smoking, weißes Hemd, Fliege und schwarze Schuhe." Ich stand etwas abseits und hatte mich bewusst abgewandt, worauf Kurt sagte: „Tom, hast du das mitgekriegt?"

„Klar, Donnerstag 17 Uhr Dortmund, Westfalenhalle, kariertes Hemd, Jeans, Turnschuhe". „Nein, sag doch nicht so etwas, die machen das tatsächlich!" Nachdem das darauf folgende Gelächter verklungen war, wiederholte ich korrekt seine Ansage und Kurt schüttelte leicht irritiert und schmunzelnd den Kopf.

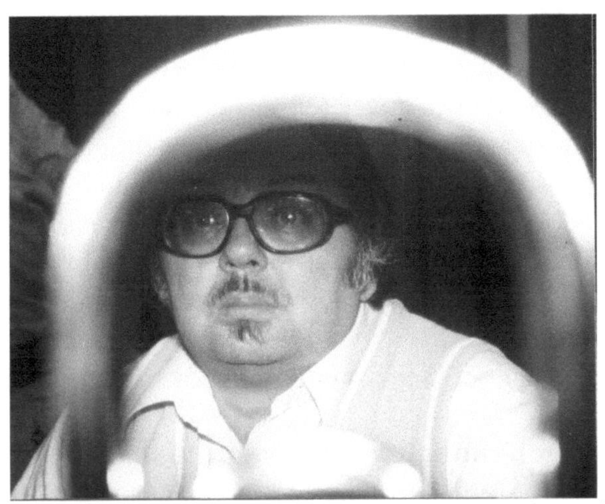

Mäcki und der Räucheraal

Bei fast jedem Ball fand eine Tombola statt mit teilweise hochwertigen Gewinnen bis hin zum Sportwagen, den natürlich alle im Visier hatten. Unser 2. Trompeter Mäcki Schäning war immer mit von der Partie und kaufte auch die meisten Lose, wodurch seine Gewinnquote relativ hoch war. Einmal, es war in Hagen, schleppte er einen tragbaren Fernseher ab, häufig aber waren es Dinge wie Kaffeewärmer, Boxhandschuhe, lange Unterhosen und eine LP von Elvis Presley.

Wieder mal in Berlin, spielte zusätzlich der Schlagzeuger Heinz Niemeyer vom RIAS-Sender als Perkussionist mit. Als Edelhagen dem Publikum seine Musiker vorstellte, hatte er dessen Namen vergessen. Er sagte: „….und aus Berlin mit dabei …?" Otto, wieder einmal in Oppositionslaune, soufflierte: „Hans Neuberger!" Kurt: „…Hans Neuberger." Wir mussten alle furchtbar lachen und Kurt, der Ottos Verlade bemerkt hatte, machte ihm in der Pause Vorwürfe, worauf Otto in Bierlaune wieder die alten Geschichten von früher auskramte.

Während dieser Pause schleppte Mäcki seinen Los-Gewinn in Gestalt eines meterlangen, fetten Räucheraals, in Plastikfolie eingeschweißt, auf die Bühne, wo dieser dann zunächst zwischen den Trompeten lag. Im Laufe des Abends wanderte dieses Aal-Monster quasi durch die ganze Band, rutschte von den Trompeten zu den Posaunen, von dort zwischen die Saxofone, hing plötzlich über meinem Verstärker und landete danach auf der Bass-Drum.

Kurt sah dem Treiben nachsichtig schmunzelnd zu, machte dann aber eine beschwichtigende Geste in Richtung Trompeten, wo Mäcki, wieder im Besitz des Aales, diesen stehend über seinem Kopf in der Art eines Hubschraubers rotierend schwenkte. Sein neben ihm sitzender Trompeten-Kollege Hans Thomas nannte ihn deshalb gelegentlich auch Mäcki Schädling. Als wir nach der letzten Pause wieder die Bühne betraten, steckte der Aal in Bubi Aderholds Baritonsaxofon.

Wir beendeten diesen illustren Abend mit einer Swingnummer und fuhren ins Hotel, wo es auch nicht gerade leise zuging. Der Aal jedenfalls blieb in Berlin und wurde vermutlich nie gegessen.

Produktionen mit Werner Müller

Der WDR-Computer hatte sich nach einem knappen Jahr, ähnlich der Verkehrssünder-Kartei in Flensburg, einigermaßen beruhigt, so dass ich, wenn auch befristet, wieder mit Harald Banter spielen konnte und von Manfred Schoof und Ingfried Hoffmann für Fernsehspots und Filme wie „Die Sendung mit der Maus“ und „Sesamstraße“ bestellt wurde. Auch TV-Produktionen mit Peter Thomas, unter anderem „Tatort“, wurden eingespielt. Dazu kamen noch Hörfunksendungen mit Konstantin Wecker und Evelyn Künneke.

Werner Müller holte mich mit E-Gitarre plus Effekt-Geräten ins WDR-Studio 1, wo er mit dem Tanzorchester plus Streichern eine von Francy Boland komponierte Suite aufnahm. Nachdem wir den ersten Satz, der hauptsächlich von den Streichern getragen wurde, durchgespielt hatten, sagte Müller: „Das ist mir zu langweilig, der erste Satz ist gestrichen!“ Er war für Streichungen und Kürzungen bekannt, und wenn Francy Boland dabei gewesen wäre, hätte der diese Respektlosigkeit nicht hingenommen und die Aufnahmen gestoppt.

1975 fand mit dem WDR-Tanzorchester anlässlich des 20. Todestages von Charly Parker eine Produktion im Studio 7 unter der Leitung von Werner Müller statt. Die Arrangements stammten von Ernie Wilkins, und die Star-Solisten waren Dizzie Gillespie und Max Roach. Als Ernie Wilkins mit den Arrangements, die er in seinem alten Saxofonkoffer verstaut hatte, im Studio erschien, fragte der 3. Posaunist seine Kollegen: „Ist das Charly Parker?“ Er war allen Ernstes der Meinung, „Bird“ würde noch leben, sofern er sich überhaupt jemals mit dessen Person oder gar Musik beschäftigt hatte.

Während Dizzy und Max Roach noch in der Kantine saßen und das Orchester den Titel „Round Midnight" probte, sagte Werner Müller: „Holt doch mal die beiden nach oben, damit die das Stück kennen lernen." Wusste er wirklich nicht, dass gerade diese beiden Musiker bereits Anfang der 40er Jahre sozusagen die Ersten waren, die diese Monk-Komposition spielten? Während eines Solos von Dizzy unterbrach Müller die Aufnahme, weil er eine falsche Note im Orchester zu hören geglaubt hatte, worauf Dizzy in seiner stets freundlichen Art sagte: „Wenn Sie jemals ein Bandleader sein wollen, unterbrechen Sie niemals einen Solisten!"

Da er es in Englisch sagte, bin ich mir nicht sicher, ob Müller den Inhalt des Satzes wirklich verstanden hat oder verstehen wollte.

Anlässlich einer anderen Produktion hatte Rob Pronk die Arrangements geschrieben und schien mit dem Posaunensatz nicht zufrieden zu sein. Rob, ehemaliger Trompeter und Arrangeur bei Edelhagen, und Niederländer indonesischer Herkunft, setzte sich zwecks Kontrolle zu den Posaunen direkt hinter einen Musiker, bei dem er Unsicherheiten bemerkt hatte. Da diesem die Beobachtung durch den Arrangeur zu missfallen schien, drehte er sich um und sagte in seiner Bayerischen Mundart: „Wos willst, schleich di, Chinees, windiger!"

Dieser Posaunist, der in früheren Jahren in der ersten Edelhagen- Bigband spielte, hatte im Laufe der Zeit von der Leistung her stark nachgelassen und wechselte deshalb kurz darauf ins Notenarchiv, wo er als fest Angestellter endlich seine Ruhe hatte.

Er galt fortan als bestbezahlter Archivar am WDR.

Werner Müller hatte in der Nähe von Köln ein Haus gebaut, in dem sich ein technisch sehr gutes Studio befand und in dem er unter anderem Produktionen für den japanischen Markt machte, wo er unter dem Namen Rico Santos bekannt war. Er rief mich mehrere Male an, um bei ihm mit verschiedenen Gitarren eine LP einzuspielen. In jedem Zimmer befanden sich Mikrofon- und Kopfhörer-Anschlüsse; Garcia Morales saß mit seinem Schlagzeug in einem Raum, Jean Warland mit E-Bass und ich mit meinen Gitarren in einem anderen.

Während Werner Müller sich im WDR vor dem Orchester in fast militärischem Befehlston artikulierte, war er bei sich zu Hause, also privat, ein völlig anderer Mensch, wenn er zur Begrüßung z.B. sagte: „Schön, dich zu sehen, Tom, mach es dir bequem; heute Mittag gibt es auch etwas zum Essen, meine Frau hat gekocht."

v. l. Kurt Bong, Tom Wohlert, Hazy Osterwald, Werner Müller,
Paul Kuhn, Erwin Lehn, Gary Todd
(nicht im Bild Hugo Strasser und Ambros Seelos)

Anlässlich einer ZDF- Fernsehsendung mit Carolin Reiber in Wiesbaden spielte eine Bandleader-Band einen von Erich Becht als Swingnummer arrangierten, volkstümlichen Titel in der Besetzung: Hazy Osterwald - Trompete, Werner Müller - Posaune, Hugo Strasser - Klarinette, Ambros Seelos - Saxofon, Erwin Lehn - Vibraphon, Paul Kuhn - Piano und Kurt Bong - Schlagzeug. Gary Todd spielte Bass, weil James Last verhindert war, und ich Gitarre, weil es keinen namhaften Gitarren-Bandleader gab.

Max Greger, der ursprünglich spielen sollte, wollte nur unter der Bedingung mitmachen, wenn er zusätzlich noch einen Solotitel hätte spielen können. Das ZDF lehnte dieses Ego-bezogene Begehren ab und engagierte Ambros Seelos.

Die Band mimte bei der Sendung wie üblich für die Kameras nach einer Ton-Aufnahme, die vorher in Köln gemacht wurde und bei der kurioserweise keiner der Beteiligten aus Termingründen mitgewirkt hatte, abgesehen davon, dass Hazy Osterwald seit längerem nicht mehr Trompete spielen konnte und Werner Müller seit seiner Arbeit mit dem RIAS-Tanzorchester vor etwa vierzig Jahren keine Posaune mehr in der Hand hatte.

Wir hatten jedenfalls bei diesem nicht alltäglichen Zusammentreffen eine Menge Spaß, insbesondere abends im Restaurant bei alten Geschichten, Anekdoten, guten Speisen und einer Vielzahl an Getränken.

Auf der Rückfahrt von Wiesbaden nach Köln saß ich mit Paul Kuhn, Erich Becht und Werner Müller im Bahnabteil. Wir unterhielten uns über alles, was irgendwie mit Musik zu tun hatte, bis Werner in seiner burschikosen Art sagte: „Na ja, ich bin doch froh, wenn ich jetzt bald wieder zu Hause bin." Ich darauf: „Hast du schon nach zwei Tagen des Musikantenlebens die Nase voll?" Er antwortete: „Weißt du Tom, ich kann sie nicht mehr sehen, diese Musiker, Euch natürlich ausgenommen! Ich meine diese Typen im Orchester. Wenn ich vor denen stehe, haben die für mich alle einen Schnuller im Mund."

Das ließ tief blicken. Paul und ich wechselten kurz einen vielsagenden Blick. Möglicherweise musste Werner mit dieser Schnuller-Suggestion irgendwelche Komplexe abbauen, um seine Autorität gegenüber dem Orchester abzusichern oder aufzubauen.

1982: Ende einer Legende

Ich machte eine Tournee mit dem Komponisten Franz Grothe und der Nordwestdeutschen Philharmonie. Das für mich Außergewöhnliche an dieser Tour war, dass ich erst nach der Pause im zweiten Teil auf die Bühne musste, um dann gegen Ende des Konzertes den „Mitternachtsblues" zu begleiten. Bei diesen Konzerten wurde mir erst einmal klar, was der Meister alles geschrieben hatte. Den größten Teil der Kompositionen kannte ich von früher her aus dem Radio, wusste aber nicht, wer der Komponist ist.

Etwa ein Jahr später rief mich der WDR an, um mit Franz Grothe und dem Kölner Rundfunkorchester im großen Sendesaal eine mehrtägige Produktion mit anschließendem Konzert zu spielen. Grothe leitete die Produktion souverän, machte aber auf mich einen leicht geschwächten Eindruck

Wir begannen mit dem Konzert, als nach etwa zwanzig Minuten, während ich gerade in meinen Noten mehrere Pausentakte auszählte, das Orchester um mich herum, wie man es aus älteren Filmen kennt, mit einem Decrescendo abstürzte und zu spielen aufhörte.

Ich schaute nach vorn und sah, wie Franz Grothe in gekrümmter Haltung da stand, den Taktstock fallen ließ und in sich zusammensank, wobei er fast von der sehr hohen Bühne in den Publikumsraum gefallen wäre, hätte ihn nicht der Konzertmeister geistesgegenwärtig am Arm gepackt und daran gehindert.

Dagmar Berghoff, die das Konzert moderierte, eilte ans Mikrofon und rief nach einem Arzt. Es meldeten sich aus dem Publikum zwei Mediziner, während Grothe, dessen Gesicht kreideweiß war, in seine Garderobe getragen wurde.

Da er einen schweren Schlaganfall erlitten hatte, wurde er umgehend in eine Klinik gebracht, wo er am nächsten Tag verstarb.

Es war sozusagen der Bühnentod eines über die Grenzen hinaus geachteten Komponisten. Für mich und alle Anwesenden ein nachhaltig bedrückendes, trauriges Erlebnis.

Unser Studio-Schlagzeuger Garcia Morales hatte sich entschlossen, das Angebot für eine Howard Carpendale-Tournee anzunehmen, obgleich Ferdy Klein ihm erklärte, er könne nach Tournee-Ende für ihn keine Einsätze garantieren. Klaus Weiss, ein routinierter Trommler mit Bigband- Erfahrung kam von München nach Köln und übernahm den Job. Er war äußerst sensibel und reagierte häufig beleidigt, wenn leichte Kritik an der Spielweise, Dynamik oder am Timing geübt wurde.

Willy Ketzer, der bei Klaus Doldinger ausgestiegen war, wurde alternativ ausprobiert, fügte sich nach kurzer Eingewöhnungszeit gut ein und verdrängte nach und nach Klaus Weiss, der wieder nach München zurückging. Willy, der ein zeitgemäßes, Rock- bzw. Jazz- Rock-orientiertes Schlagzeug spielte, war stets bereit, auf Wünsche der Produzenten einzugehen und machte selber konstruktive Vorschläge. So bildeten Helmut, Willy und ich mit Francis oder Eddie Teger eine konstante Rhythmusgruppe, wenn man davon absieht, dass in Ausnahmefällen Jean Warland Bass spielte und Bruno Castellucci trommelte.

Willy Ketzer

Karl-Heinz Kästel war inzwischen ausgestiegen, weil er den Druck von Ferdy nicht mehr ertragen konnte. Er kam nach einer Weile jedoch wieder zurück, denn schließlich war er eine große Stütze mit seiner Vielseitigkeit und Routine, von der ich sehr profitieren konnte, zumal er mir wertvolle Tipps gab und zwischen uns kein Konkurrenzdenken aufkam.

Während einer Produktion im „Cornet- Studio 2" legte man Karl-Heinz und mir ein meist dreistimmig geschriebenes Notenblatt hin, welches unter dem zeitlichen Druck von uns nicht zu realisieren war und eine aufkommende Nervosität zur Folge hatte. Karl-Heinz sagte nur: „Ich spiele die obere Stimme, versuch du die mittlere, die dritte vergessen wir einfach!" Als der Titel zum Durchspielen eingezählt wurde, rief Robby

Schmitz aus der Akkordeon-Ecke: „Ich hab noch keine Noten, und hier liegen übrigens noch zwei Gitarrenstimmen!" Die Verwechslung war aufgeklärt, und die Gitarristen konnten aufatmen.

Als Karl-Heinz bei einer Heino-Produktion von einem Tag auf den anderen endgültig aufhörte, spielte ich künftig allein oder mit Toni Maus bzw. Paul Shigihara, der neu in der Szene war.

Weiterhin unterwegs mit Edelhagen

Kurt Edelhagen bekam von der ARD regelmäßig Fernsehaufträge für Jazz-Rock-Sendungen in verkleinerter Besetzung, in die er auch mich mit einbezog. Als Solo-Gitarrist kam Gary Boyle oder Ef Albers, Todd Kennedy trommelte, und am Bass war Brian Odges, der in seinen Bass einen riesigen Phallus eingraviert hatte. Wir nannten ihn deshalb immer den Pimmel- oder Schwanzbassisten. Später spielte meist Dave King Bass. Am Keyboard war Rob Franken oder Rainer Brüninghaus. Weitere Solisten waren Kenny Wheeler - Trompete, Wilton Gaynor und Alan Skidmore - Saxofon und Jiggs Wigham - Posaune, Das Ganze wurde durch eine kleinere Blechformation ergänzt, und natürlich wurde in den Pausen immer mal wieder mit Papierkugeln geschossen.

Im Baden-Badener „Casino" fand ein großer Ball mit Ballett und Modenschau etc. statt, auf dem neben der Edelhagen-Band noch Sylvia Vrethamar mit einem sehr guten Trio auftrat. Ihr Mann Rune spielte Piano, Mats Winding Kontrabass und Ed Thigpen (Oscar Peterson-Trio) Schlagzeug.

Charly Antolini, der wieder mal dabei war, wirkte durch die Anwesenheit Ed Thigpens nervös und spielte entsprechend kompliziert und unruhig. Er wollte es der Konkurrenz aus den USA zeigen, Bass und Gitarre waren, wie immer in solchen Fällen gegen das dominierende Schlagzeug machtlos.

In der Pause saßen wir alle in der Garderobe, als Otto Bredl seine Stimme erhob: „Hör mal Charly, wenn du nicht sicher bist, wo die Eins ist, dann schau einfach auf meinen Posaunenzug." Dabei machte er eine entsprechende Handbewegung. Nach einer kurzen Gedankenpause erwiderte Charly etwas kleinlaut: „Otto, wie hast du das eben gemeint?" „Ja, wie ich es gesagt habe", wieder die Handbewegung: „Da oder dort ist die Eins". Es folgte ein längeres Schweigen.

Otto war, und das muss an dieser Stelle gesagt werden, in der deutschen Musikszene auf der Posaune der Satzführer Nr.1, und niemand sonst in die-

Kurt Edelhagen Jazz Rock Sendung ARD

ser Band hätte es sich erlauben können, einem Kollegen so deutlich auf die Füße zu treten wie er.

Bei einer anderen Veranstaltung mussten wir, um in unsere Garderobe zu gelangen, durch einen größeren Raum, welcher einem Ballett als Umkleideraum diente und in dem entsprechend viel Unterwäsche herumlag. Trompeter Hans Thomas hatte einen Damenslip entwendet, den er nach Ende der Veranstaltung in Mäckis Trompetenkoffer (die Trompete war schon eingepackt) unbemerkt hineinlegte. Zu Hause hatte Mäcki dann einige Mühe, die Überraschung vor seiner Frau zu verbergen. Ob ihm das wirklich gelungen ist, kann man nicht genau sagen, jedenfalls ließ sich kurz nach dem Event die Haustür nicht öffnen, weil Mäckis Schlüssel nicht mehr passte, denn seine Frau hatte das Schloss auswechseln lassen, worauf er sich in der Nähe ein Zimmer mieten musste.

Für die Fahrt zu einer Veranstaltung in Karlsruhe stand eines der üblichen Fahrzeuge nicht zur Verfügung, und die Bus-Firma schickte ein kleineres, betagtes Modell zum WDR, wo wir uns meist trafen. Da in den 60er/70er Jahren eine Toilette im Bus noch nicht als Standard galt, machte man schon gelegentlich an einer Raststätte Halt.

Die Rückfahrt am folgenden Tag gestaltete sich besonders zäh, da der Busfahrer einen Getriebeschaden zu vermelden hatte und dieses Vehikel mit 60-70 km die Stunde die Autobahn in Richtung Köln kroch.

Unser Kollege Mäcki verspürte plötzlich einen kaum zu bändigenden Harndrang. Da die nächste Raststätte noch weit entfernt war und dieser alte Bus hinten rechts noch eine Tür hatte, öffnete er diese in seiner Not einen breiten Spalt und entleerte seine Blase unter den ermunternden Zurufen der Band kurzerhand auf die Autobahn, was bei dem geringen Tempo keine Schwierigkeit bereitete.

Jedenfalls hatten wir unsere Gaudi und danach einen zufriedenen, entspannten Mäcki.

Mit Heino im Studio

In den Studios herrschte immer noch Hochbetrieb. Wenn Heino im EMI-Studio im Sommer eine Weihnachts- LP besang, wurde im abgedunkelten Studio ein beleuchteter Christbaum aufgestellt. Auch der Chor synchronisierte bei diesem Stimmungsbild. Beim Einspielen der Playbacks stand der Baum zwar schon da, war aber noch nicht beleuchtet. Welch ein Jammer für die Musiker!

Heino, der sich vermutlich eine Frank Sinatra-Platte angehört hatte und innerlich damit liebäugelte, evtl. etwas Ähnliches aufzunehmen, fragte Erich Becht: „Sag mal, Erich, könntest du auch Arrangements schreiben, wie man sie bei Sinatra-Aufnahmen hört?" Erich, der bereits in den 50er Jahren für Edelhagen derartige Arrangements geschrieben hatte, antwortete lapidar: „Natürlich kann ich das; nur, wer soll das singen?" Damit war dieses kurze Gespräch ein für allemal beendet.

Die Aufnahmen mit Heino wurden mit Produzent Ralf Bendix und Arrangeur Erich Becht äußerst sorgfältig und kritisch durchgeführt, und es wurde im Studio viel diskutiert und geändert. Bei einem der Titel hatte ich auf Wunsch von Heino als Effekt einen Flanger benutzt, was allen Beteiligten gefiel. Nach einer Woche wurde ich wieder ins Studio bestellt, um den gleichen Titel noch einmal mit Natur-Sound zu synchronisieren, weil bei einer Testvorführung in einem Altenheim und einer Schule die Zuhörer den Flanger-Sound als störend empfanden. Er sei nicht Heinogerecht. Auch musste ich mich auf den akustischen Gitarren der volkstümlichen Schlagweise von Heino anpassen, der es mir auf der Gitarre vorspielte, damit letztlich alle zufrieden sein konnten.

Anlässlich einer anderen Heino-Produktion musste ich mal wieder Banjo spielen, und dem Produzenten schwebte in diesem Fall ein natürlicher Hall vor, wie man ihn evtl. in einem gekachelten Raum erreichen könnte. Letztlich kam die große Toilette neben dem Eingang zum Studio 1 in die engere Wahl, und ich synchronisierte mit meinem Banjo vor einem Mikrofon in diesem Bedürfnisraum sitzend den Country-Musik ähnlichen Titel.

Um allen Zweifeln vorzubeugen: Ich saß beim Spielen auf einem regulären Stuhl, und meine Hosen waren nicht heruntergelassen!

Übrigens kenne ich keinen Gitarristen, der mit Freude Banjo spielt. Deshalb kursiert auch folgender Spruch: *Was bedeuten fünf Banjos auf dem Meeresgrund? Immerhin ein Anfang!*

Howard Carpendale

Auch Howard Carpendale produzierte in der Elektrola, wo ich einige Jahre mit ihm arbeitete und unter zahlreichen Titeln einige seiner Hits einspielte. Ferdy Klein rief mich an und sagte: „Morgen 10 Uhr Elektrola mit Howard, bring deine besten Naturgitarren mit. Ich erschien mit meinen Gitarren und wunderte mich, noch keinen Kollegen zu sehen, also war es ein Synchronisationstermin. Nein, Howard erklärte mir, ich würde heute allein spielen, und sein Texter hätte mir etwas aufgeschrieben. Der saß im Regieraum auf seinem Stuhl, blickte sich kaum um, mimte stets auf „cool" und erwiderte auch keinen Gruß, wenn man den Raum betrat. Wahrscheinlich hatte er ein Bildungsdefizit oder irgendwelche Komplexe. Howard sagte leicht scherzhaft zu seinem Kumpel: „Du bist heute ja so eine Art Arrangeur", worauf mir dieser Typ wortlos einige mit grünem Filzstift beschriebene Blätter aus einem Schulheft zuschob. Howard meinte, ich solle in einem langsamen Tempo lange Viertel schlagen. So weit O.K. Zu erwähnen ist noch, dass sich zwischen den Taktstrichen Akkordsymbole ohne Hinweis auf deren Länge befanden und keine Wiederholungen, Segno, Coda und dergleichen eingezeichnet waren.

Ich saß allein im Studio vor dem Mikrofon und fing an, zu spielen. Der Texter, der jetzt zum ersten Mal den Mund aufmachte, sagte mir, ich müsste nun von da bis dort wiederholen. Ich zeichnete es mir ein. Etwas später hieß es, ich müsste jetzt auf dem dritten Blatt weiterspielen und dann dies und jenes tun. Nach einigen Takten wurde ich gefragt: „Kannst du das alles einen Ton tiefer und etwas schneller spielen?" Tom, der Geduldsmensch, konnte. *Noch!*

Als dann am Ablauf wieder etwas nicht stimmte, legte ich die Gitarre auf den Stuhl und ging in den Regieraum, wo ich vor naiv staunenden Gesichtern sagte: „Howard, so kannst du kein vernünftiges Demo machen." Ich hatte bewusst das Wort „Demo" gewählt, und er antwortete: „Nein, das soll eine richtige Aufnahme werden. Wir wissen im Moment nicht genau, was da noch drauf kommt, vielleicht Streicher oder auch ein wenig Schlagzeug und Chor."

Ich musste tief Luft holen nach dieser überraschend amateurhaften Aussage und erwiderte: „Dann macht doch erst einmal eine Klickspur mit dem richtigen Tempo, entscheidet euch für eine Tonart und lasst das Ganze mit dem gewünschten Ablauf so aufschreiben, dass ein Musiker es ohne Probleme spielen kann. Danach könnte ich ja noch einmal wiederkommen." Die Antwort lautete: „Ja, wenn du meinst".....

Bei Howards Produktionen hatte es immer Arrangements und gut kopiertes Notenmaterial für die Musiker gegeben, auch wenn vieles während der Produktion geändert wurde. Dieser Termin jedoch entwickelte sich zu einer Begegnung der besonderen Art, und ich war froh, dieser muffig-arroganten und stupiden Atmosphäre entronnen zu sein.

Ich ging ins Büro, kassierte für den Titel und wurde eine längere Zeit nicht mehr bestellt, worüber ich alles andere als traurig war. Ich dachte nur: Um Kreuzworträtsel zu lösen, muss man nicht extra in ein Tonstudio gehen.

Wiener Opernball

Die Edelhagenband, in der mittlerweile auch die Saxofonisten Heiner Wiberny und Hugo Read spielten, wurde für den Wiener Opernball engagiert, den traditionsgemäß der ortsansässige Johannes Fehring spielte. Aber man wollte auch hier einmal die Olympia-Band zu Gast haben. Wir spielten vor diesem konservativen und teils arroganten Publikum wie gewohnt unser Programm. Natürlich waren wir mal wieder zu laut, schließlich spielte die mit ausgebufften Musikern besetzte Band - im internen Fachjargon gesprochen - immer mit Eiern.

Uns gegenüber am anderen Ende der Tanzfläche saß ein größeres Streichorchester, welches für Wiener Walzer und ähnliche Dinge zuständig war. Da man auch von uns einen Walzer hören wollte, spielten wir den einzigen in unserem Repertoire vorhandenen Titel „Wiener Blut". Aus dem Publikum hörte man spontan die Kritik: „Zu schnell!"

Kurt dirigierte uns daraufhin eiligst auf ein gemäßigtes Tempo. Das Streichorchester wollte nun auch nicht zurückstehen und spielte ein kurios-zackiges Foxtrott-Arrangement von „Tea for Two", welches durch die für Streicher typische Phrasierungsweise eine weitere Steigerung in Richtung komisches Kabarett oder Stummfilm erhielt.

Nach Beendigung dieses außergewöhnlichen Abends betrat ich mit Wilton Gaynor und einem weiteren Kollegen den Lift, in dem noch ein älterer Gast mitfuhr, dessen Smoking mit unzähligen militärischen Orden behängt war. Da es mindestens vier Uhr in der Früh war, sagte Wilton freundlich: „Guten Morgen." Dieser Kriegsveteran oder was immer er auch war, straffte daraufhin seine Brust und antwortete in schulmeisterhaftem Ton: „Hör mal zu, mein Junge, hier sagt man „Heil Hitler!" Da in diesem Moment der Lift im Parterre ankam, waren wir völlig überrascht und zu keiner angemessenen Reaktion fähig, worauf wir uns kopfschüttelnd von diesem Typ entfernten.

Wäre es eine längere Liftfahrt gewesen, hätte man konsequenterweise die Stopp-Taste drücken müssen, um diesen unverbesserlichen Altnazi zu dritt anzupinkeln und durchnässt stehen zu lassen.

Ball der Nationen

Heinz Gietz mit Bill Ramsey am Rhenus-Studio

Heinz Gietz und die Kölner Musikszene

Die Kölner Studio-Szene war rückblickend erst in den 50er Jahren durch das Produzenten-Team Kurt Feltz und Heinz Gietz in Verbindung mit dem Gerig-Verlag in Schwung gekommen. Caterina Valente, Bill Ramsey und Peter Alexander waren damals die großen Entdeckungen.

Textdichter, Produzent und GEMA- Millionär Kurt Feltz verkaufte sein Kölner Anwesen mit großem Park, Gewächshäusern für Orchideen, Villa und separatem Haus zum Arbeiten inklusive Wohnung für den Gärtner an den nicht minder wohlhabenden Heinz Gietz. Er verlegte seinen Wohnsitz nach Morcote am Luganer See, wo er außer Texte schreiben wieder Orchideen züchtete und seine Flamingos fütterte. Seine unmittelbaren Nachbarn dort waren Peter Alexander und Caterina Valente.

Die Musikproduktionen fanden ausschließlich im Kölner Cornet- Studio statt, wo er stets in einem großen Ami-Schlitten mit Chauffeur vorfuhr und die Aufnahmen mit der Assistenz seines Arrangeurs und eines bei ihm angestellten Korrepetitors leitete. Kurt Feltz zahlte damals für die Rhythmusgruppe pro Playback immer statt der üblichen DM 60.- DM 70.- und später statt DM 70.- DM 80.- Es war so eine Art Kreativitäts-Bonus, denn häufig gefiel ihm die vom Arrangeur vorgegebene Stilistik oder Phrasierung nicht und er sagte: „Bieten Sie mal etwas an." Somit wirkte sich die Live-Erfahrung und die ständige Information durch das regelmäßige Hören internationaler Schallplatten bei den Studio-Aufnahmen positiv aus, weshalb er mich vom Beginn des ersten Zusammentreffens für alle weiteren Produktionen fest einplante.

In den 50er Jahren produzierte Feltz in der Elektrola und im Polydor-Studio, wo er, erhöht im Regieraum und für die Musiker unsichtbar, seine Anweisungen gab, weshalb man ihn auch „Gott Vater" nannte.

Zu den Musikern selbst hatte er damals so gut wie keinen Kontakt, und er kannte sie größtenteils nicht, denn ihn interessierte ausschließlich das akustische Ergebnis. Bei einer Produktion soll er gesagt haben: „Wer ist denn dieser Mensch, der da ständig okey sagt?". Man klärte ihn auf: „Herr Feltz, das ist der amerikanische Schlagzeuger Speri Karas!"

Ein weiterer prominenter Musik-Star war der Geiger und Platten-Millionär Helmut Zacharias, der schon in den frühen 50er Jahren die Steuerflucht ergriff und in die Schweiz nach Ascona übersiedelte, wo er ein Domizil bauen ließ, welches zur damaligen Zeit als architektonisches Meisterwerk galt. Seine Musikproduktionen machte er in Hamburg und Köln.

Am WDR gab es zwar ein Tanzorchester und auch einen Harald Banter mit seiner Band, doch es mangelte an flexiblen, zeitgemäßen Musikern für den Studiobetrieb. Heinz Gietz, gebürtiger Frankfurter, holte sich aus der damaligen Jazz-Metropole einen festen Musikerstamm nach Köln: u. a. Hans Podehl, Schlagzeug, Gerd Hühns, Gitarre und Kurt Becker mit Vibrafon, Flöte und Perkussion, alle Drei vom damaligen Paul Kuhn-Sextett. Außerdem kamen noch die Gitarristen Karl-Heinz Kästel und Werner Dies hinzu. Die Bläser rekrutierten sich meist aus dem Tanzorchester oder der Banter- Band. Als Studio-Chor etablierten sich Botho Lucas und Günter Kallmann aus Berlin.

Heinz Gietz, der weitere Verbesserungen anstrebte und als Musikerpersönlichkeit großen Einfluss ausübte, konnte den WDR mit Unterstützung des Gerig- Verlags davon überzeugen, Kurt Edelhagen mit seiner Band von Baden-Baden nach Köln zu holen, was wieder einmal mit etlichen Umbesetzungen verbunden war.

Bei den Trompeten sah man Hanne Wilfert, Milo Pavlocic, Horst Fischer und Jimmy Deuchar. Der Posaunensatz um Otto Bredl und Nick Hauck blieb zunächst unverändert, die Saxofonisten Derek Humble und Karl Drewo kamen hinzu, und Francis Copieters, Piano, Johnny Fischer, Bass und Stuff Combe, Schlagzeug bildeten die neue Rhythmusgruppe.

Eine Gitarre wurde zu der Zeit bei Edelhagen nur in Ausnahmefällen besetzt, ein Umstand, der mir das Orchester schon in der Vergangenheit besonders sympathisch machte, denn die Band wurde immer überwiegend als Jazz-Orchester geführt, so dass man nicht, wie bei den meisten Tanzorchestern, dieses permanente „Umzick- Umzack" oder „Dubcek-Dubcek" hörte. Aufgrund der hohen Qualität und steigender Nachfrage musste die Band auch Aufgaben für den Unterhaltungsbereich im Fernsehen übernehmen. In solchen Fällen spielte Gerd Hühns Gitarre.

Wenn Heinz Gietz größere Arrangementsaufträge wie z.B. „Musik ist Trumpf" erhielt, machte er sich zwar etliche Gedanken, zögerte aber die Arbeit meist so lange hinaus, bis es zeitlich einfach nicht mehr anders ging.

Dann saß er Tag und Nacht in seinem Nebenhaus hinter heruntergelassenen Rollläden und schrieb. Er wollte nicht wissen, wann wirklich Tag oder Nacht ist. Dabei trank er Kaffee und Cognac und aß Pralinen. Wenn er nicht mehr konnte, legte er sich aufs Sofa und schlief ein wenig. Danach schrieb er wieder. Meist saß Fritz Weichbrodt, ein ehemaliger

Trompeter bei Edelhagen, der dort wegen Trunkenheit an der Trompete entlassen wurde, neben ihm und schrieb die einzelnen Stimmen heraus, sobald eine Partiturseite fertig war.

Nachdem die Noten durch einen Kurier von Rösrath nach Köln ins Cornet- Studio gebracht waren, konnte, mit Wolfgang Hirschmann am Mischpult, ein Titel aufgenommen werden. Danach hieß es: „Pause, Heinz schreibt noch!". So zog sich die Produktion über mehrere Tage hin, und Heinz schlief danach wie ein Bär 24 Stunden durch.

Er war ein äußerst kreativer Mensch mit enormem Ideenreichtum. Wenn er nicht gerade arrangierte oder auf dem Produzentenstuhl saß, komponierte er. Von Spaziergängen, Bewegung oder gar Sport hielt er überhaupt nichts und lehnte derartige Aktivitäten als `Nazi- Kram` ab.

Wie bereits erwähnt, bewohnte er dieses große Anwesen in Rösrath mit zwei Häusern. der riesigen Gartenanlage mit chinesischem Teehaus, den Gewächshäusern und Teichen. Ein fest angestellter Gärtner war täglich mit der Pflege dieses Anwesens beschäftigt. Im Teehaus, in dem auch ein Klavier stand und sich ein Telefon befand, hatten wir uns zu Zeiten der „Jay-Five" niedergelassen, um unsere Produktionen auszuarbeiten. Hier lernten wir auch Erich Becht kennen, der ebenfalls von Frankfurt nach Köln gekommen war. Ich kannte seinen Namen noch aus der Rundfunk-zeitung so um 1950, als er bei Edelhagen Pianist und Arrangeur war.

Auch Friedel Berlipp, später als Berry Lipman bekannt, besuchte uns dort und holte sich von Gietz die Genehmigung, mit unserer Gruppe unter Pseudonym den Titel „Monja", der ein internationaler Erfolg wurde, aufzunehmen.

Ein Produzent der anderen Art

Ein Produzent völlig anderer Art war Hans Bertram, ehemals Klari-nettist am WDR, der sehr erfolgreich unter anderem Roy Black und Chris Roberts produzierte und die Fischer-Chöre mit Unterstützung seiner Texte schreibenden Ehefrau ins Leben gerufen hatte.

Für die Studiomusiker war er so eine Art Ekelpaket und wurde aufgrund seines schulmeisterhaften Gebarens häufig als selbstgefälliger Kotzbrocken wahrgenommen. Es gab Situationen, in denen man am liebsten spontan das Studio verlassen hätte, aber wir handelten, auch Ferdy Klein zuliebe, nach dem Prinzip: was stört es den Mond, wenn ihn der Hund anbellt, oder etwas derber: was schert es die Eiche, wenn sich die Sau an ihr scheuert.

Wenn Bertram im Studio vor der Band stand um den Titel einzuzählen, klatschte er viermal mit seinen Wurstfingern unrhythmisch in die Hände, was so klang, als würde eine Kuh mit dem Inhalt ihres Darmes einen Fladen anhäufen. Er hatte eigentlich nie eine Partitur vor sich liegen, weil er wahrscheinlich nicht in der Lage war, diese zu verfolgen, um evtl. den Musikern hilfreich Wiederholungen und dergleichen anzuzeigen, was jeder gestandene Produzent oder Dirigent macht. So geschah es denn öfter, dass er noch weiter dirigierte, wenn der Titel bereits zu Ende war. Von den Plattenfirmen kassierte er aber für das „Dirigieren" das Vielfache eines Musikerhonorars.

Beim Abhören der Titel las er grundsätzlich die Bildzeitung oder den Express, und sobald ihn dabei etwas störte, hob er die Hand und ließ das Band stoppen, um dem Arrangeur Werner Twardy in barschem Ton seine Einwände zu unterbreiten. Es kam auch vor, dass er in seiner miesen Laune brüllte: „Was hast du da wieder mal für eine Scheiße geschrieben!".

Werner Twardy, der ein exzellenter Arrangeur, Produzent und ehemaliger Edelhagen-Pianist war, schluckte so manche Kröte, denn er verdiente bei Bertram ein sehr gutes Geld. Doch schienen die cholerischen Ausbrüche und das Betriebsklima nicht sang und klanglos an ihm vorüber zu gehen. Er ging nach der Produktion immer häufiger in die nächste Kneipe, um seinen Frust mit harten Sachen herunterzuspülen. Nach einigen Jahren starb dieser wunderbare Kollege an den Folgen übermäßigen Alkoholkonsums.

Bertram wirkte derweil ungebrochen weiter und saß sozusagen mit dem Ohr am Arsch des Volkes, wobei er die musikalischen Bedürfnisse der breiten Masse erfuhr. Seine Frau schrieb weiterhin die Texte, und es kam ein neuer Arrangeur aus der Schweiz, der geflissentlich diente.

Anlässlich eines Aufnahmetermins zusammen mit einigen Bläsern im Polydor- Studio spielte ein bei Bertram noch unbekannter Posaunist mit. Als der „Dirigent" wie gewohnt viermal in die Hände klatschte, ließ er spontan seine Posaune sinken und prustete ein unterdrücktes Lachen heraus. Bertram schaute leicht irritiert aber streng und unternahm einen neuerlichen Versuch. Als danach das Gleiche geschah, drehte er sich um und eilte ins Büro, wo wir ihn brüllen hörten: „Wer ist dieser Posaunist? Den will ich hier nie wieder sehen!"

Darauf verließ er eiligst das Studio, setzte sich ins Auto und fuhr zu dem nahe gelegenen Golfplatz, von dem er nach gut einer Stunde wieder zurückkehrte. Inzwischen war ein anderer Posaunist, der mit dieser Arbeitsweise vertraut war, eingetroffen, und die Produktion wurde fortgesetzt, als sei nichts gewesen.

Bei einer Produktion im Cornet-Studio spielte ich für Bertram im Quartett mit Francis Copieters, Jean Warland und Garcia Morales Playbacks für die Fischer-Chöre ein, wobei der Meister ganz in unserer Nähe auf einem drehbaren, in der Höhe verstellbaren Dirigentenstuhl Platz nahm, was völlig überflüssig war, denn wir schauten in die uns vorgelegten Noten. Seine unbeholfenen Bewegungen hätten uns nur zum Lachen gereizt.

Als Bertram in den Regieraum ging, um den ersten Titel abzuhören, kam Jean auf die Idee, den tief eingestellten Dirigentenstuhl mit einer Umdrehung minimal höher zu stellen. Dieses Spiel wiederholte sich nach jedem Titel, und da wir mindestens zwölf aufzunehmen hatten, verfolgten wir mit diebischer Freude, wie sich der kleinwüchsige Bertram immer mehr abmühte, seinen Thron zu erklimmen.

Da ihm unser Schulbuben-Streich offenbar nicht bewusst wurde und er ausnahmsweise bei halbwegs guter Laune war, erzählte er uns in seiner großspurigen Art, dass er mit den Fischer-Chören eine Audienz beim Papst in Rom hätte. Dann kam das Gespräch aufs Golf spielen und er meinte, in Deutschland könne man kaum einen vernünftigen Platz finden, auch Luxemburg sei nicht mehr zu empfehlen. Er würde derzeit mit der Concorde nach Hawaii fliegen, um dort bei optimalen Verhältnissen spielen zu können.

Mittlerweile hatten wir seinen Stuhl wieder höher gedreht, und so kam schließlich der Augenblick, wo er fast schon auf seinem Thron saß, dann aber abrutschte und mit allen Vieren auf dem Boden landete. Während ich ihm unter dem spitzbübisch verhaltenen Grinsen meiner Kollegen wieder auf die Beine half, warf er dem Stuhl einen verächtlichen Blick zu und brüllte: „Scheißstuhl!".

 Ob er jemals einen Verdacht gehegt hat, erfuhren wir nie. Jedenfalls erledigte er während der restlichen Titel sein dirigierendes Treiben stehend.

Als Bertram in den achtziger Jahren starb, war kein Musiker auf der Beerdigung erschienen. Es wäre auch die reine Heuchelei gewesen.

1982: Abschied von einem großen Namen und einer legendären Band

Der Gesundheitszustand von Kurt Edelhagen hatte sich in der letzten Zeit sehr verschlechtert, und wir spielten noch einige Galas und Fernseh-Shows mit Bibi Jones, Al Martino und Lil Lindfors.

Kurt wurde in die Kölner Uniklinik eingeliefert, wo er am 8. Februar 1982 starb.

Danach spielten wir noch eine Gala in München, bei der Heinz Kretzschmar die Band leitete. Weitere vorhandene Verträge wurden von den Veranstaltern annulliert. Der Gedanke, das Orchester unter der Leitung von Heinz Kretzschmar und der Organisation von Ferdy Klein weiterzuführen, wurde von der Familie abgelehnt. Das Repertoire und sämtliche Partituren landeten auf der Müllkippe, und das Ende dieses außergewöhnlichen Orchesters war damit endgültig besiegelt.

Auch in der Studio-Szene machte sich ein leichtes Decrescendo bemerkbar. Ich hatte mich schon häufig gewundert, wer denn immer wieder diese vielen LPs von Fanfaren-Chören und die ewig wiederkehrenden „Schönsten Lieder des Jahres" kaufen würde. Wenn auch eingeschränkt, es ging dennoch weiter, und Ferdy hatte seine Studio-Mafia fest im Griff.

Alljährlich fanden noch immer zahlreiche Karnevalsproduktionen statt, die schon immer, besonders in Köln, das Studiogeschäft nicht unerheblich belebten. Bereits im frühen Sommer wurden die Titel für verschiedene Plattenfirmen und Musik- Verlage eingespielt.

Die Solisten waren unter anderem: Willy Millowitsch, Liselotte Nikuta, Ludwig Sebus, Renate Fuchs und diverse Gruppen, z.B. Bläck Fööss und Höhner. Die Zeiten allerdings, in denen ich jährlich mehr als 1000 Titel aufnehmen konnte, gingen langsam vorbei.

An dieser Stelle sollte ich die wichtigsten Interpreten erwähnen, bei deren Tonaufnahmen und Fernsehshows ich als Gitarrist und zeitweise als Chorsänger mitgewirkt habe:

Peter Alexander, Adamo, Adam und Eve, Charles Aznavour, Gilbert Becaud, Roy Black, Graham Bonney, Vivi Bach, Roberto Blanco, Shirley Bassey, Inge Brandenburg, Heidi Brühl, Cindy und Bert, Howard Carpendale, Eddi Constantin, Marlene Charell, Richard Clayderman, Angele Durand, Sascha Distel, Dalidah, Dalia Lavi, Margot Eskens, Katja Ebstein, Horst Fischer, Joy Fleming, Joachim Fuchsberger, France Gall, Gloria Gaynor, Uschi Glas, Max Greger jr., Rex Gildo, Golden Gate Quartett, Gitte Henning, Heino, Johannes Heesters, Nicole Heesters, Chris Howland, Peter Horten, Harald Juhnke, Bibi Jones, Udo Jürgens, Evelyn Künnecke, Gretje Kauffeld, Kessler Zwillinge, Dagmar Koller, Rene Koller, Mario Lanza jr., Vicky Leandros, Ute Lemper, Lil Lindfors, Wenke Myhre, Olivia Molina, Milva, Reinhard Mey, Al Martino, Willy Millowitsch, Mireille Mathieu, Angelika Milster, Marianne Mendt, Peter Maffay, New York Voices, Paola, Hermann Prey, Lilly Palmer, Freddy Quinn, Ramona, Bill Ramsey, Peter Rubin, Chris Roberts, Mary Roos, Dunja Raiter, Iwan Rebroff, Silvio Francesco, Wolfgang Sauer, Sandy Shaw, Dietmar Schönherr, Ingrid Steeger, Hugo Strasser, Willy Schneider, Vico Torriani, Jonny Teupen, Caterina Valente, Lena Valaitis, Sylvia Vrethammar, Ilse Werner, Otto Walkes, Gerhard Wendland, Konstantin Wecker, Tina York, Helmut Zacharias.

Die Show-Master:
Lou van Burg, Dagmar Berghoff, Rudi Carrell, Peter Frankenfeld, Thomas Gottschalk, Dieter Thomas Heck, Hans-Joachim Kuhlenkampf, Carolin Reiber, Max Schautzer, Petra Schürmann, Wim Thoelke.

Und nicht zu vergessen die Arrangeure und Produzenten:
Erich Becht, Paul Biste, Hans Blum, Heinz Gietz, Peter Herbolzheimer, Paul Kuhn, Heinz Kießling, Rob Pronk, Dieter Reith, Jerry van Rooyen, Werner Twardy.

Andre Heller

Produzent fantasiereicher Projekte und Buchautor Andre Heller produzierte in der Elektrola eine LP, für die er die Texte und Ingfried Hoffmann die Musik geschrieben hatte. Als wir einen Titel, bei dem ich auf der Naturgitarre eine Melodie zu spielen hatte, aufgenommen hatten, kam Heller zu mir und sagte mit beschwörender Geste: „Tom, kannst du das Solo so spielen, wie es z.B. …..Stan Getz blasen würde?" Ich versprach ihm, intensiv an Getz zu denken und spielte alles von der Phrasierung her ein wenig geschmeidiger. Danach sagte Andre: „Siehst du, so ist es schön".

Der Geist des großen Magiers hatte mich tatsächlich erreicht!

Andere Bands, neue Erfahrungen

Nachdem ich während dieser Zeit live in keiner Band spielte, riefen Bandleader aus der Kölner Szene an, die besonders in der Ballsaison mit großen Besetzungen auftraten. Sie boten natürlich nicht die gewohnte Gage, und ich sagte ihnen, ich würde lieber zu Hause bleiben. Die stereotype Antwort lautete meistens: „Dann sitzt du lieber zu Hause herum, anstatt das Geld mitzunehmen", worauf ich ihnen erklärte, ich würde nie einfach so zu Hause herumsitzen, schließlich hätte ich eine wunderbare Familie, und außerdem gäbe es mit meinen Kollegen eine Vereinbarung, nicht unter einer gewissen Summe aus dem Hause zu gehen.

Einige Male ließ ich mich erweichen, um dem jeweiligen Bandleader aus der Klemme zu helfen.

Normalerweise hat ein Orchester eine Notenmappe mit einem ausgewogenen Repertoire, welches vorne beginnend kontinuierlich durchgespielt wird, womit eine entspannte Performance gewährleistet ist. Und sollte einmal der letzte Titel erreicht worden sein, beginnt man noch einmal mit den ersten Nummern, was nach vielen Stunden sowieso keiner mehr bemerkt.

Diese Bands dagegen hatten eine umfangreiche Tanzmappe, eine Turniermappe und eine Stimmungsmappe, das heißt, man musste z.B. aus der Tanzmappe die Nr.63, aus der Turniermappe die Nr.19 und aus der Stimmungsmappe die Nr.7 suchen und nach der Serie wieder einordnen, während schon wieder die nächsten Nummern angesagt wurden. Man war mehr Archivar denn Musiker, und die Band muss aus der Sicht des Publikums ausgesehen haben wie eine Ansammlung von Maulwürfen, die mit gut durchbluteten Köpfen im Erdloch buddeln.

Es kam auch vor, dass der Band-Chef sich während des Spielens kurzfristig für eine andere Reihenfolge entschied oder bei einer Ansage von z.B. Nr.112 die hinten sitzenden Bläser die Hundert überhörten und die Nr. 12 spielten, wodurch kurzfristig ein kakophonisches Klangbild und eine chaotische Situation entstand.

Die Bläser, teils aus der Bundeswehr-Bigband kommend, waren übrigens gut, nur Bass und Schlagzeug waren regelrechte Wackelkandidaten, gegen die man als Gitarrist machtlos war, so dass der Abend zu einer schweißtreibenden Angelegenheit wurde. Zudem kam es nach Mitternacht gelegentlich zu Jazzanfällen. Dann wurden Druckarrangements von Neal Hefti a la Basie ausgeteilt, wobei ich mich beim Spielen fühlte, wie auf einer sturmgebeutelten Fähre zwischen Dover und Calais.

Ärger mit dem Knoblauch

Francis Copieters, der aus Brüssel stammte und an eine gute Küche gewöhnt war, schätzte zwar den Knoblauch sehr, beschwerte sich aber, wenn einer der Kollegen stark danach roch. Tenorist Karl Drewo, gebürtiger Wiener und ein echter „Motherfucker", brachte anlässlich einer Produktion im Ariola- Studio eine dicke Knoblauchzehe mit, die er in einer Pause durchschnitt und damit den kunstledergepolsterten Pianostuhl intensiv einrieb.

Francis bemerkte nach der Pause zunächst nichts, bis sich durch seine Körperwärme der Knoblauchgeruch auf seinem Hosenboden und in die nähere Umgebung ausbreitete, was ihn veranlasste, sich über den immer stärker werdenden Geruch zu echauffieren. Da alle außer ihm eingeweiht waren, fragten wir ihn, was er denn gegessen hätte, was ihn zusätzlich

Francis Copieters   *Karl Drewo*

ärgerte. Jedenfalls dauerte es eine Weile, bis er gewahr wurde, dass er selbst die wandelnde Stinkbombe war und das ganze Studio einnebelte. Wir wimmerten innerlich, und Francis reagierte empört und beleidigt. Er erfuhr nie, wer der Knoblauchtäter war, obgleich nur ganz wenige für derartige Späße infrage kamen.

Auch der Saxofonist James Towsey zeigte gegen Knoblauchgeruch aggressive Reaktionen. Sein neben ihm sitzender Kollege Heinz von Hermann, ein Knoblauchfan, hielt bei einem Live-Auftritt seine Flöte, wenn er einige Takte Pause hatte, mit geschlossenen Klappen an die Nase des spielenden James, wobei er ihn permanent anhauchte und dieser nicht in der Lage war, dem ihm verhassten Geruch auszuweichen. Dieser Knoblauchattacke folgte in der Pause erwartungsgemäß eine hitzige Debatte über Kollegialität, gute und schlechte Manieren etc.

In diesen Jahren schrieb ich häufiger Arrangements und leitete Produktionen für Verlage und Plattenfirmen. Auch Harald Banter trat noch hin und wieder mit seiner Band auf, und ich konnte mit ihm den einen und anderen Gig spielen, unter anderem in der Duisburger Mercator-Halle, wo auch Joy Fleming ihren Auftritt hatte.

Sie begrüßte uns laut und vernehmlich in ihrer kollegial-derben Art mit: „Na, ihr Wichser, da seid ihr ja!"

1983: Einstieg bei Paul Kuhn

Paul Kuhn, der in seiner Musikerlaufbahn mehrere Karrieren erlebt hat, spielte bereits als Achtjähriger 1936 auf der Berliner Funkausstellung Akkordeon. Es war die erste öffentliche und sensationelle Demonstration der Fernsehtechnik, wobei der kleine Paul mit dem Akkordeon vor einem Mikrofon sitzend in einem akustisch abgeschirmten Raum saß und spielte, während man ihn in einem anderen Raum auf einem Fernseh-Monitor hören und sehen konnte.

Nach dem Krieg, wo er an der Westfront Klavier spielend die deutschen Truppen unterhalten durfte, gründete er 1946 in Frankfurt sein erstes Quintett und spielte in Amerikanischen Clubs und am AFN.

Anfang der 50er Jahre wurde Paul Kuhn zum Jazzpianisten Nr.1 gewählt und schrieb Arrangements für das WDR-Tanzorchester. Die Plattenfirma Elektrola nahm ihn als Sänger für deutschsprachige Produktionen unter Vertrag und leitete damit eine weitere Karriere ein. Zu Beginn der 60er Jahre bekam er die erste eigene Fernsehserie:„Hallo Paulchen".1968 übernahm er die Leitung der SFB-Big Band, für die er internationale Solisten verpflichtete und über die Grenzen hinaus erfolgreich war.

Um 1980 etwa kam Paul Kuhn, dessen Vertrag beim SFB in Berlin ausgelaufen war, nach Köln und formierte eine neue Band plus Ute Mann-Singers. Einen Teil der zunächst zehn Musiker holte er sich aus dem WDR-Tanzorchester, die anderen, wie Schlagzeuger Willy Ketzer und Trompeter Rolf Ericson, der aus Berlin mitgekommen war, kamen

Paul Kuhn Quintett mit Ute Mann Singers

vom freien Markt. Paul hatte Edelhagen damals das Versprechen gegeben, keinen seiner Musiker abzuwerben, was er auch einhielt, denn die Kollegen vom WDR waren nicht immer verfügbar, so dass er häufig Verstärkung aus Berlin oder Stuttgart anheuern musste.

1983, ungefähr ein Jahr, nachdem Kurt Edelhagen gestorben war, rief Ute Mann, mit der ich in den Jahren zuvor häufig im Studio gesungen hatte, bei mir an und fragte, ob ich bei Paul Kuhn aushelfen könnte. Da Willy Ketzer und ich vormittags Aufnahmen in der Cornet hatten, fuhren wir gemeinsam nach Dortmund, um einen Job in Septett-Besetzung zu spielen. Als auf meinem Pult keine Notenmappe lag, stellte sich heraus, dass der Freund einer der Sängerinnen die Noten zwecks Einarbeit zu Hause zum Üben hatte.

Und ich war nun der Notnagel.

Paul, der das Repertoire kannte, gab mir seine Pianomappe, in der überwiegend die Akkorde notiert waren und bat mich, ihm die Titel anzusagen. So wirkte ich nebenbei als Souffleur und ergänzte meine Durchsagen zusätzlich mit dem Hinweis auf die Tonarten, so dass der Job, bei dem ich Rolf Ericson und Gary Todd kennen lernte, ohne Komplikationen über die Bühne ging.

Zum Schluss bedankte Paul sich bei mir, ich sagte,ihm, dass es mir Spaß gemacht hätte und er mich immer anrufen könnte, wenn Not am Mann wäre. Er schaute mich nachdenklich an und meinte: „Ja, aber ich denke da eher an immer." Ich freute mich natürlich über dieses Angebot, und so nahm eine bis heute mehr als 25-jährige Zusammenarbeit und freundschaftliche Verbindung ihren Anfang. Beim nächsten Auftritt in Travemünde mit größerer Besetzung lag auch die Gitarrenmappe auf meinem Pult.

In den folgenden Monaten wurden die WDR-Kollegen durch frei schaffende Musiker ersetzt, so dass sich folgende Besetzung formierte: Hanne Wilfert, Rolf Ericson, John Emms (Trompeten), Manfred Gäetjens, Uli Launhardt (Posaunen), Heinz Kretzschmar, Howard Lovell (Saxofone), Peter Aussem (Piano), Tom Wohlert (Gitarre), Gary Todd (Bass) und Willy Ketzer (Schlagzeug). Die Ute Mann-Singers waren fester Bestandteil der Band und belebten durch ihre Auftritte das Programm.

Da Paul Kuhn zu den prominentesten Musikerpersönlichkeiten zählt, blieb der Erfolg mit seiner neuen Band nicht aus. Es folgten regelmäßig Galas, bei denen Solisten wie Al Martino, Caterina Valente, Ute Lemper, Shirley Bassey, Charles Aznavour, Mireille Mathieu und viele andere begleitet wurden.

In Dortmund fand mit Peter Alexander nach ausgiebigen Proben ein Konzert statt, welches unter Mitwirkung einer Streichergruppe Live für eine CD mitgeschnitten wurde.

Die Fernsehanstalten meldeten sich für Sendungen, in denen wir spielten, wobei das ZDF der häufigste Auftraggeber war und die Band plus Ute Mann-Singers regelmäßig engagierte. Das galt besonders für die Sendung „Melodien für Millionen" mit Dieter Thomas Heck. In dieser Sendung wurde mit Ausnahme der Moderation alles, Solisten und Orchester, nach Playback gemimt. Bei den Musiktiteln der zu begleitenden Solisten kamen sehr häufig Gitarreneinleitungen, Soli und dergleichen vor, die ich naturgetreu nachspielen musste.

D. Th. Heck, Joy Fleming mit Tom beim ZDF

Mit Angelika Milster, Willy und Adrian

Als Gilbert Becaud in einer Sendung der Solist war, hatte ich ein Solo
zu spielen, bei dem ich groß im Bild war. Beim Probedurchlauf bemerkte
er dies, ließ die Aufnahme stoppen und wies die Regie an, nur meine
Hände und die Gitarre zu zeigen mit der Begründung, er sei der alleinige
Solist, von dem nicht durch eine andere Person abgelenkt werden dürfte.

Während einer weiteren Sendung trat der durch mehrere Hits bekannte Gitarrist Ricky King auf, bei dessen Titel ich die Gitarreneinleitung zu
spielen hatte. D.T. Heck kündigte den Solisten wie folgt an:

„Und nun, meine Damen und Herren, Deutschlands derzeit berühm-
tester Gitarrist: Ricky King!" Auf dem Bildschirm allerdings erschien
zunächst ich und spielte, sichtlich amüsiert, meine Einleitung, bevor Ricky ins Bild kam.

Nach der Sendung traf ich noch mit Regisseur Eckehard Böhmer und
D.T. Heck zusammen, wobei wir uns über die Ansage amüsierten und
ich zur allgemeinen Erheiterung bemerkte: „Das hast du wieder mal sehr
schön ausgeheckt."

Durch die regelmäßige Präsenz im Fernsehen galt ich im Zeitraum der
70er bis in die 90er Jahre hinein als der meist gesendete, wenn auch ano-
nyme Gitarrist im Lande, was zur Folge hatte, dass nach solchen Sendungen gelegentlich Anrufe von Produzenten oder Funkanstalten eingingen.
Außerdem boten mir namhafte Gitarrenhersteller schon seit der Zeit mit
Edelhagen kostenlos ihre Instrumente an, um sie zu testen und vor allem
bei Fernsehsendungen zu spielen.

Das Betriebsklima in der Paul Kuhn-Band Band war und ist auch derzeit noch insbesondere durch die ruhige, besonnene und kollegiale Art
von Paul äußerst harmonisch. Durch sein freundschaftliches Verhältnis
zu den Musikern unterscheidet sich sein Führungsstil als Bandleader sehr
von dem seiner Kollegen. Er lässt die Band spielen, gibt den Solisten
freien Raum, kennt keine Schulmeistereien und übt niemals Druck auf
die Musiker aus, die er seinen musikalischen und persönlichen Vorstel-
lungen entsprechend ausgewählt und engagiert hat.

Da ich seit vielen Jahren den Sommerurlaub mit meiner Familie an
der französischen Atlantikküste verbrachte und Paul davon erzählte, kam
auch er einige Male mit seiner Frau Ute in die Bretagne und mietete ganz
in der Nähe zusammen mit unserem Schlagzeuger Willy Ketzer und einigen Freunden auch ein Haus.

Pauls Party: Gitta, Paul, Gabi und Tom

Ein Fischhändler auf dem Wochenmarkt bot mir an, ihn jederzeit nachmittags zuhause ganz in der Nähe zu besuchen, wo ein großes Meerwasserbecken mit lebenden Krebsen, Hummern und Langusten stand. Ich kaufte dort eine üppige Menge frischer Hummer, Langusten und Austern und fuhr anschließend an den nahe gelegenen Atlantik, wo ich mehrere „Perrier"-Flaschen mit Meerwasser füllte, um darin die begehrten Meerestiere zu kochen. Die Austern natürlich nicht!

Am Abend trafen dann Paul mit Frau und Freunden bei uns ein, und wir feierten mit reichlich Wein, Anekdoten und Jokes gewürzt, einige unvergessliche Hummerpartys.

Ein Event der besonderen Art sollte dennoch erwähnt werden.
Das Paul Kuhn-Septett mit den Ute Mann-Singers wurde für einen Ball der jüdischen Gemeinde unter dem Vorsitz von Alfred Biolek im Kölner Hotel „Interconti" kurzfristig engagiert. Dabei stellte sich heraus, dass kein adäquater Bassist frei war. Da Gary Todd in München bereits einen anderen Job hatte, rief Ute mich mittags an, ob ich jemand wüsste, der am Abend spielen könnte, und ich gab ihr die Telefonnummern von Jean Warland, Helmut Kandlberger, Heinz Greeven und Theo Kierdorf. Alle hatten allerdings schon einen Job, denn es war Samstag und obendrein Ballsaison.

Als ich mich nachmittags zur Probe im „Interconti" einfand - wir mussten die Musical-Sängerin Gillian Scalicci begleiten - war kein Bassist da. Auch Willy Ketzer fehlte. Es hieß, er hätte noch woanders einen Job und käme um 22 Uhr. Bis dahin sollte Klaus Morschel vom Rundfunkorchester Schlagzeug spielen. Das war aber noch nicht alles.

Paul hatte tagsüber einen Solo-Auftritt irgendwo im Harz, und auch mit seiner Verspätung musste gerechnet werden. Wir probten erst einmal ohne Bassisten mit Gillian Scalicci, die ich zuvor schon bei der „Westside Story" im Kölner Opernhaus begleitet hatte.

Band unterwegs

Kurz vor 20 Uhr erschien dann Wankely, ein technisch flinker Gitarrist aus der Sinti-Roma-Familie mit E-Bass und Gitarre. Als er mich sah, wollte er mich sogleich überreden, Bass zu spielen, damit er sich auf der Gitarre durchmogeln konnte, denn mit Notenlesen hatte er so gut wie nichts am Hut. Ich sagte ihm, er sei als Bassist engagiert und deutete beim Spielen immer wieder auf die Noten, weil er ständig daneben war. Da er keine Bassnoten lesen konnte, ließ ich ihn mit in die Gitarrenstimmen schauen, was auch nichts half, denn er guckte meist fröhlich in die Gegend und spielte Lotto-Bass.

Wir quälten uns mühsam über die Zeit, und nach einigen Stunden war Paul noch immer nicht da. Die Gäste wurden allmählich ungeduldig, allen voran Biolek, der die Band engagiert hatte und dessen sonst heitere Miene sich zunehmend verdüsterte.

Ute hatte derweil erfahren, dass sich bei Pauls Job alles verspätet hatte, worauf er, statt mit dem Auto zu fahren, einen Hubschrauber orderte, der aber wegen Sturmböen zunächst nicht starten konnte. Gegen 23 Uhr kam dann endlich Willy, was an der Misere auch nichts weiter ändern konnte. Letztlich landete Paul gegen Mitternacht in Porz-Wahn und fuhr von dort mit dem Taxi nach Köln, wo er bei uns etwa um 0:45 Uhr eintraf.

Die Stimmung konnte dadurch noch etwas aufgeheitert werden, an der Gesamtsituation änderte sich jedenfalls nichts.

Es war, schlicht gesagt, ein Scheiß-Job!

Paul Kuhn Band im Tanzbrunnen

Ein anderer Septett-Job war im Casino von Bad Neuenahr angesagt. Wir reisten nachmittags an, richteten uns auf der kleinen Bühne ein und machten für die Technik einen kurzen Sound-Check. Anschließend setzten wir uns ins Cafe und tranken einen Schoppen vom guten Ahr-Wein, mussten aber einen Alleinunterhalter über uns ergehen lassen, der allerdings verblüffend naturgetreu auf dem Keyboard eine Sologeige imitieren konnte, wodurch dieses spießige Kurambiente noch verstärkt wurde.

Das alles erhielt eine weitere Steigerung, als am Abend die Gäste eintrafen, die allesamt steif und verkrampft wie Marionetten wirkten. Man hätte glauben können, einer Ansammlung von Loriot-Figuren zu begegnen. Wir begannen um 20:30 Uhr unser Programm wie immer mit dem Heinz Gietz-Titel „Musik liegt in der Luft". Paul hätte in diesem Fall auch singen können: „Musik mieft in der Gruft".

Dieses Arrangement war in der Orchestermappe in C-Dur notiert, in der Septettmappe dagegen in Des-Dur. Wir schlugen die Mappen auf und Paul zählte ein, wobei einige Herren, ich gehörte auch dazu, nicht gleich in die Noten schauten und gewohnheitsgemäß einen halben Ton tiefer spielten. Dabei entstand für einen kurzen Moment ein chaotisch-kakophonisches Klangbild, welches sich erst nach etlichen Takten auflöste, weil jeder glaubte, in der richtigen Tonart zu spielen.

Die Loriot-Figuren reagierten mit verstört-irritierten Gesichtern. War das ein Einstieg!

Wir quälten uns inmitten dieser steifen Gesellschaft durch das Programm und der Wein schmeckte den meisten von uns immer besser.

Paul wirkte ausnahmsweise etwas lustlos und in einer Pause meinte er, er würde am liebsten auf die Gage verzichten und nach Hause fahren. Die ohnehin dünne Septett-Mappe wurde bis zur letzten Nummer durchgespielt, und Paul fragte mich so zum Spaß: „Was spielen wir denn jetzt?" Ich sagte: „Vielleicht einfach einige Shearing-Nummern." So spielten wir im Quartett „East Of The Sun" und „September In The Rain".

Das Podium, welches aus zwei Teilen bestand und seitlich zusammen geschoben war, hatte sich durch die Vibrationen des Spielens ein kleines Stück auseinander bewegt. Zu allem Übel geriet unser Keyboarder Karoly Uhrmann mit seinem Stuhl seitlich in den so entstandenen Spalt und fiel während des Spielens der Länge nach auf den Boden. Obwohl Karoly keine Schuld traf, wurde er von diesen Casino-Snobs mit Häme bedacht und vermutlich als Trunkenbold registriert und mit ihm ein für allemal die ganze Band.

Wir brachten dennoch diesen denkwürdigen Abend, wenn auch leicht lädiert, über die Runden, wobei noch zu erwähnen wäre, dass es in mehr als 25 Jahren der einzige Auftritt war, den man als Flop bezeichnen konnte und bei dem Band und Publikum eindeutig nicht zusammenpassten.

Mit der großen Besetzung folgten zahlreiche Galas und Fernseh-Shows mit Caterina Valente, Sascha Distel, Dalida, Peter Alexander, Harald Juhnke, Richard Clayderman, Gerhard Wendland, Freddy Quinn etc.

Wenn wir mit der Band unterwegs waren, wurden üblicherweise für den nächsten Tag feste Bus-Abfahrtzeiten angesagt, die aber nicht immer eingehalten wurden. Deshalb vereinbarten wir, für zu spätes Erscheinen eine Buße von DM-1.- pro angefangener Minute in die Bandkasse zu zahlen, womit das Problem bis auf wenige Ausnahmen zufriedenstellend gelöst war.

Eines Morgens musste Rolf Ericson, der verschlafen hatte, geweckt werden, während alle schon am Bus warteten. Er frühstückte erst einmal in aller Ruhe, erschien eine halbe Stunde zu spät, legte wortlos DM 30.- in die Kasse, stieg in den Bus und meinte, wir könnten jetzt fahren.

Das war Rolf.

In Hof, an der damaligen DDR-Grenze, veranstaltete das ZDF eine Paul Kuhn-Show, die er selbst moderierte und in deren Rahmen Paul u.a. den Titel „I Left My Heart In San Francisco" sang. Den langen Vers sang er allein am Klavier bis zum Auftakt des Refrains, an dem die ganze Band einsetzte. Diese wurde noch durch eine Streichergruppe aus Bayreuth ergänzt, und der neben mir sitzende Cellist fragte mich zaghaft: „Herr Kollege, können Sie mir sagen, wann ich spielen muss?" Ich ließ mir seine Noten zeigen und sagte ihm, dass wir nach so und so vielen Takten Pause gemeinsam anfangen würden.

Ich fragte ihn, ob er diesen Welthit kennen würde, was er verneinte, worauf ich sagte: „Herr Kuhn singt allein den Auftakt „I Left My Heart", und „Heart" ist die Eins. Da setzt die ganze Band ein, aber ich gebe Ihnen ein Zeichen, dann spielen Sie den Grundton F".

ZDF: Die Paul Kuhn Show

Da wir diesen Einsatz allein wegen der Kameraführung mehrere Male wiederholten, bliebe noch zu erwähnen, dass mein Nachbar trotz meiner intensiven Hilfeleistung regelmäßig viel zu spät einsetzte. Auch seine Streicherkollegen schwebten mit ihm selig vereint rhythmisch irgendwo zwischen den Wolken. Dabei gelten diese Wagnerianer aus Bayreuth nicht gerade als die schlechtesten ihres Fachs, sind aber in rhythmischer Hinsicht und im präzisen Einsetzen vergleichsweise zu ihren amerikanischen Kollegen stark unterbelichtet.

Leider ist dies kein Einzelfall.

Auf Tournee mit Harald Juhnke

Mit Harald Juhnke machten wir in einer neuen Septett-Besetzung eine Tournee. Paul hatte die Arrangements geschrieben, wir hatten viel Spaß, und alles lief wunderbar, denn Juhnke war immer noch einer der Top-Entertainer im Lande. Mit einer anderen Band, die ihn regulär begleitete, soll es allerdings vorgekommen sein, dass er nachmittags in Dinkelsbühl in einem Weinlokal saß, reichlich Frankenwein trank und eine Stunde vor seinem Auftritt sagte: „Nee, heute spiel ick nicht!". Die Vorstellung fiel aus.

Bei einer anderen Gelegenheit, auch in einem provinziellen Umfeld, war er, während die Band das Opening spielte, auf die Bühne gekommen, stoppte mit einer Handbewegung die Musik, ging nach vorn an die Rampe, schaute mit der Hand über der Stirn das Publikum an und sagte: „Nee, für solche Arschlöcher spiel ick nicht!". Harald hatte mal wieder seinen Eklat und die Klatschblätter etwas zu berichten. Uns blieben derartige Vorkommnisse erspart, vorläufig jedenfalls.

Die letzten zwei Shows sollten in Berlin stattfinden. Wir hatten uns auf der Bühne eingerichtet und waren spielbereit, nur Harald fehlte noch. Sein Manager, der ihn telefonisch nicht erreichte und so eine Vorahnung hatte, jagte mit dem Taxi zu seiner Wohnung, wo er ihn volltrunken antraf. An einen Auftritt war nicht zu denken.

Paul Kuhn betrat die Bühne und erklärte dem Publikum, dass die Vorstellung ausfallen würde, da Harald Juhnke völlig indisponiert und derzeit nicht imstande sei, aufzutreten. Als Paul ging, blieben die Leute sitzen und rührten sich nicht. Ich sagte: „Paul, du musst noch mal raus, die halten das für einen Scherz." Erst nach dem zweiten Versuch schienen die Leute zu verstehen, dass das Ganze kein Kuhn/Juhnke- Gag war.

Berlin, Wintergarten

Tom mit Conny Jackel

Dem Publikum wurde zwar die Rückerstattung des Eintrittsgeldes zugesichert, ein bitterer Nachgeschmack blieb dennoch zurück.

Am nächsten Vormittag kam Harald im schwarzen Mantel und schwarzem Hut in die Hotelhalle und ging grußlos an zwei meiner Kollegen vorbei. Als er mich sah, hellte sich seine Miene auf, während ich spontan sagte: „Na, da bist du ja wieder." Er nuschelte nur: „Haste `n Bier für mich?" „Kann ich besorgen." „Nee, lass man, ick hab noch wat zu erledigen." Danach drehte er sich um und wankte durch die Drehtür.

Später erfuhren wir, dass er direkt in die Redaktionskantine eines Berliner Klatschmagazins gegangen war, wo umgehend die Schmierenschreiber auftauchten und sich wie die Wölfe über ihre Beute hermachten.

In seiner Show erwähnte Juhnke stets einen Ratschlag von Hans Albers, mit dem er in jungen Jahren in einem Film gespielt hatte. Hans Albers soll gesagt haben: „Junge, du hast 'ne Menge Talent, aus dir kann noch was Großes werden. Aber sorge immer dafür, dass über dich etwas in der Zeitung geschrieben steht, was ist völlig egal." Man sieht, er hat diesen Hinweis konsequent befolgt. Die zweite Show in Berlin musste natürlich auch ausfallen, und unsere Gage wurde beim Management erfolgreich eingeklagt.

Eddie Constantin

Eddie Constantin, bekannt durch zahlreiche Kinofilme als FBI-Agent Lemmy Caution, der schießend und sich prügelnd in Großstädten Ganoven jagte, wurde eines Tages aufgrund seiner internationalen Popularität auch als Sänger vermarktet. Mit seiner Reibeisenstimme wurden auf ihn zugeschnittene Texte mit leicht singbaren Melodien aufgenommen, wobei der Schwerpunkt mehr auf Diktion als auf gesanglicher Qualität lag.

So ergab es sich, dass ich für ihn einige deutschsprachige Titel einspielte, während er im Regieraum saß und in regelmäßigen Abständen seinen Flachmann aus dem Jackett zog, um mit einem Schluck Whisky seinen Alkoholpegel zu regulieren. Ich hatte Eddie Constantin schon in den 50er Jahren in den Filmen „Dicke Luft und heiße Liebe" und „Blondinen und Blaue Bohnen" als Revolverheld bewundert. Nun stand er da und kämpfte sich mit dem Einsingen deutscher Texte durch.

Bei einem Auftritt anlässlich einer Gala in Düsseldorf trafen wir uns wieder. Er sollte zwei Titel singen, stand aber derartig unter Strom, dass er kaum noch stehen konnte, weshalb man für ihn auf der Bühne schon vorsorglich einen Barhocker bereitgestellt hatte. Kurz vor seinem Auftritt sagte er zu seinem Agenten: „I only sing one Song". Dieser zischte ihn entrüstet an: „Du Arschloch gehst jetzt auf die Bühne und singst gefälligst die zwei Songs, andernfalls kriegst du keinen Pfennig Gage!". Eddie brummte ein „Okey" und schlenderte auf die Bühne, wo er mit frenetischem Beifall empfangen wurde und die zwei Titel leicht lallend zu Gehör brachte. Zwischendurch verzog er sein vernarbtes Gesicht zu einem breiten Grinsen der Marke XXL, so dass es aussah wie ein alter Lederfußball, dem man die Luft herausgelassen hatte.

Der insgesamt schwache Auftritt wurde dennoch vom Publikum mit starkem Applaus honoriert, und ihm wurde hier, wie auch in seinen Filmen, alles verziehen.

Er war halt Eddie Constantin.

Klärendes Gespräch mit dem WDR

Der WDR meldete sich mal wieder wegen einiger Termine im Rundfunkorchester. Der Besteller, Herr Brösl, bot mir die Gage XY pro Dienst an. Auf meine Frage nach der Mehrwertsteuer sagte er, die Summe sei inklusive. Ich nannte ihm eine entsprechend höhere Summe, worauf er folgenden Satz sagte: „Herr Wohlert, sie müssen nur Schrumm- Schrumm machen und werden bezahlt wie ein Geiger." So etwas hört man natürlich gern und ich antwortete: „Herr Brösl, erstens spiele ich Gitarre und mache nicht Schrumm- Schrumm, zweitens bin ich allein auf meinem Posten, während die Geiger in Rudeln auftreten. Von denen gibt es in Köln und Umgebung etwa hundert; Gitarristen meiner Art kann man an einer Hand abzählen."

Das war zur damaligen Zeit nicht übertrieben, wenn man bedenkt, dass dort am WDR jüngere Gitarrenspieler mit einer Grifftabelle erschienen, weil sie die gängigen Symbole nicht kannten. „Ja, was verdienen Sie denn an einem Abend bei Paul Kuhn?" Ich antwortete ihm wahrheitsgemäß und mit einer gewissen Genugtuung: „Mindestens das Dreifache und je nach Proben mit Solisten auch mehr, plus Mehrwertsteuer."

Danach verlief das Gespräch im Sande und ich hörte lange nichts mehr vom WDR, bis Herr Brösl auf Geheiß von Werner Müller wieder anrief, um mich für ein Jubiläumskonzert mit Helmut Zacharias in der Duisburger „Mercator-Halle" zu bestellen.

Da stimmte plötzlich das Honorar.

Cologne Concert Big Band im Gloria

Während dieser Zeit spielte ich auch regelmäßig in der von Milo Pavlowitch geleiteten Berlin-Bigband, die zu einem großen Teil aus englischen Musikern bestand, wenn man von einigen in Deutschland lebenden Kollegen absieht. Die Band spielte auf Galas und CDU/CSU-Wahlkampfveranstaltungen mit Franz-Joseph Strauss, der stets alkoholisiert mit hoch- rotem Kopf, gestützt von zwei Bodyguards, die Bühne erklomm, von wo er teils lautstark und kräftig nuschelnd seine Reden hielt.

Weil diese Veranstaltungen überwiegend in außerbayerischen Gefilden wie Aachen, Bremen und Kiel abgehalten wurden, wäre der allgemeinen Verständlichkeit halber eine hochdeutsche Simultanübersetzung angeraten gewesen. Die spannungsgeladene Atmosphäre in unmittelbarer Nähe dieses nicht ganz unumstrittenen, mit Sicherheitsbeamten umgebenen Politikers und vielen auf dem Hallendach umherlaufenden Polizeihunden, war für die Musiker jedes Mal ein äußerst gewöhnungsbedürftiges und nachhaltiges Erlebnis.

Etwas später, etwa 1985 gründete Uli Launhardt die „Cologne Concert Big Band", die von Jerry van Rooyen, Jörg-Achim Keller und Wieland Reissmann geleitet wurde. Diese mit hervorragenden Musikern aus der Kölner Szene besetzte Band, in der ich, wenn eine Gitarre besetzt ist, immer wieder gern spiele, bestreitet Konzerte, Galas mit traditioneller Swingmusik und begleitet internationale Solisten, unter anderem die „New York Voices" und Shirley Bassey.

In dieser Band und auch anderen Formationen sitze ich, sozusagen als Fossil, inmitten der teilweise um Generationen jüngeren Kollegen und spiele mit ihnen die gleiche Musik.

Für mich immer wieder eine erfreuliche Tatsache, denn die Anzahl der Jahresringe scheint in diesem Umfeld keine Rolle zu spielen.

Auch die in den 90er Jahren von dem Bariton-Saxofonisten Martin Schäfer ins Leben gerufene „Big Band Convention" sollte ich unbedingt erwähnen, da diese mit erstklassigen Musikern und Arrangements ausgestattete Band unter der Leitung des Alt-Saxofonisten Stefan Pfeifer eine Bereicherung für die Kölner Musikszene ist.

Paul und Tom nach dem Konzert

Konzert in der Philharmonie Köln: Sylvia Droste und Peter Weniger

1987: Paul Kuhn in der Kölner Philharmonie

Paul Kuhn, der regelmäßig auch im Trio spielte, bekam 1987 die Möglichkeit, mit einer großen Besetzung in der Kölner Philharmonie ein Jazzkonzert zu geben. Die Gala-Band wurde zu einer Big-Band aufgestockt und spielte vor ausverkauftem Haus und einem begeisterten Publikum von Paul arrangierte amerikanische Jazz-Standards.

Aufgrund des allgemeinen Zuspruchs findet seitdem mindestens einmal jährlich ein „Jazz-Pops"- Konzert statt, dessen Termin sich alsbald auf den 26. Dezember eingependelt hat, so dass man mittlerweile von einem jährlichen Weihnachtskonzert sprechen kann.

Auch wenn die Band selbst über genügend Solisten wie Heiner Wiberny, Peter Weniger, Stefan Pfeifer, Mathias Erlewein, Markus Bartelt, Rolf Ericson, Jon Eardley, Martin Reuthner, Jiggs Wigham und Ludwig Nuss verfügte, so wurden zusätzlich weitere Gäste eingeladen wie Gustl Meyer, Roman Schwaller, Till Brönner, Fritz Hartschuh, Wolfgang Schlüter, Jean Toots Thielemans, Ack van Rooyen oder Barbara Dennerlein. Außerdem Gesangssolisten wie Greetje Kauffeld, Sylvia Droste, Roberta Gambarini, Gaby Goldberg und Synthia Utterbach.

Im Laufe der letzten zwanzig Jahre hat sich die Besetzung der Band, teils durch das altersbedingte Ausscheiden einiger Kollegen, denen junge Nachwuchskräfte folgten, kontinuierlich verändert, so dass seit dem ersten Konzert nur die Rhythmusgruppe mit Gary Todd, Willy Ketzer und mir übrig geblieben ist. Am Piano kam Hubert Nuss noch hinzu, weil Paul nicht mehr ständig zwischen Piano, Dirigieren und Moderation wechseln wollte.

Diese Bigband wurde immer wieder für Jazz-Veranstaltungen in Konzerthäusern oder Open-Air-Festivals verpflichtet, und hat ihr Repertoire durch die hervorragenden Arrangements von Paul ständig erweitert.

An einem 5. Mai, es war mein Geburtstag, spielten wir im Leipziger Gewandhaus. Uli Launhardt, der von meinem Geburtstag wusste, traf in der Konzertpause, ohne Wissen von Paul und mir, mit den Kollegen eine Vereinbarung. Als wir die Bühne wieder betraten und an unseren Instrumenten saßen, zählte Paul programmgemäß eine schnelle Nummer ein, doch die Band spielte „Happy Birthday". Ich spielte spontan nicht mit und stand am Ende dieses Überraschungsständchens auf, um den Applaus des hohen Hauses und meiner Kollegen entgegenzunehmen. Nach dem Konzert revanchierte ich mich bei den Kollegen an der Hotelbar ausgiebig bis zum Abwinken.

Europa-Pokal in der Philharmon

Roberta Gambarini mit der Paul Kuhn Bigband

Paul Kuhn und Erich Becht

Tom, Gustl Mayer, Roman Schwaller

Tom mit Til Brönner

Rolf Ericson

Ende der achtziger Jahre verließ Rolf Ericson die Band, um es noch einmal in den USA zu versuchen. Er hatte dort schon in den frühen 50er und 60er Jahren gelebt und spielte bei Tommy Dorsey, Benny Goodman, Woody Herman, Stan Kenton, Maynard Ferguson, im Charly Parker-Quintett in der 52nd Street und auf Europatournee, bei Buddy Rich, Harry James und drei Jahre bei Duke Ellington. Rolf war der einzige Musiker, den wir persönlich kannten, der über einen längeren Zeitraum mit Charly Parker gespielt hatte. Im New Yorker „Birdland" war er für Kenny Dorham eingestiegen und in dieser Band der einzige Weiße.

Der Ansager im Club, ein Schwarzer, war offenbar mit Rolfs Anwesenheit nicht voll einverstanden und stellte ihn dem Publikum immer als Ron Erection vor, auch nachdem ihm wiederholt der korrekte Name gesagt wurde. Erst nachdem Rolf ihm einen 10 Dollar-Schein in die Hand gedrückt hatte, stellte er ihn künftig mit richtigem Namen dem Publikum vor.

Rolf Ericson, der sehr gut Deutsch sprach, machte sich einen Spaß daraus, amerikanische Titel ins Deutsche zu übersetzen, z.B. den Titel „Love For Sale" nannte er: „Liebe zum Segeln"; In „The Mood" hieß einfach: „In den Mund"; und „I'm Afraid The Masquerade Is Over" : „Ich fürchte, das Messgerät ist kaputt".

Er konnte viel erzählen über seine Erlebnisse in den USA. Ich sagte ihm, er solle ein Buch schreiben, aber er traute sich nicht, weil er den langen Arm der korrupten Musik- und Drogenmafia fürchtete. Rolf hatte auch etliche Produktionen für Quincy Jones gespielt und war Gast, wenn der mit seinen opulenten Partys Hof hielt, bei denen auf der überlangen Tafel in bestimmten Abständen kleine Schälchen mit dem berühmten weißen Pulver standen, und Rolf und Toots Thielemans von den anwesenden Gästen die einzigen waren, die das Pulver verschmähten.

Kleine Irrtümer, großer Humor

Bei einem unserer Jazz-Pop-Konzerte in der Kölner Philharmonie hatte Paul irrtümlich auf seiner Programmliste eine Nummer überschlagen. Er zählte statt eines schnellen Titels die nachfolgende Ballade ein, und keiner spielte. In dieser Situation zeigte sich wieder einmal Pauls Souveränität, denn er fragte ruhig und leise: „Warum spielt ihr nicht?" Ich, vorn in seiner Nähe sitzend, flüsterte ihm zu: „Du bist eine Nummer zu früh, wir spielen jetzt XY." Er ging ans Mikrofon und entschuldigte sich: „Kleiner Irrtum, wir spielen jetzt erstmal ein anderes Stück, das ist auch sehr schön." Das Publikum lachte und der Applaus war ihm wie immer sicher.

Fazit: *Nicht irren ist unmenschlich.*

Paul Kuhn Big Band in der Philharmonie

Probe für die Tornee

Konzert

1990/91: Mit Peter Alexander auf Tournee

Inzwischen war die Berliner Mauer gefallen und die Wiedervereinigung eingeleitet. Wir machten zwei längere Tourneen mit Peter Alexander, der Paul Kuhn-Band und den Ute Mann-Singers vor ausverkauften Häusern. Auf den sehr gut organisierten Tourneen wurden jeweils etwa dreißig Konzerte in ausschließlich großen Hallen gespielt.

Bei einem Soundcheck am Nachmittag in der Dortmunder Westfalenhalle - Peter Alexander und Paul Kuhn waren noch nicht da - ertönte über die megawattstarke Hallenanlage ein dröhnender Rülpser, den Karoly Uhrmann auf seinem Keyboard als Sampling gespeichert hatte. Wir fielen vor lauter Lachen fast vom Stuhl, besonders wenn er eine tiefe Taste drückte, so dass das Ganze klang, als würde ein überdimensionierter Saurier in die Halle kotzen. Im Diskant klang es eher nach einem Dackel. Karoly traf natürlich die entsprechenden Sicherheitsvorkehrungen, um ein versehentliches Rülpsen während der Show auszuschließen, denn das hätte einen weit reichenden Eklat zur Folge gehabt und in der Boulevardpresse eine fette Schlagzeile.

Als wir drei Tage in Hamburg gastierten, hatte die Agentur für die Band Zimmer in einem Hotel an der Reeperbahn gemietet, wogegen niemand etwas einzuwenden hatte, außer, dass man bis in die Morgenstunden durch Sirenen von Rettungsfahrzeugen und ständiges Blaulichtflackern der Polizeiwagen

Konzert

Hotel Reeperbahn

gestört wurde. Auf eine Besonderheit in meinem Hotelzimmer sei noch hingewiesen.

Im Bad war ein Rasierspiegel, wie man ihn gelegentlich in Hotels antrifft, neben dem Waschbecken installiert. Diese Art von Parabolspiegel hat die Eigenschaft, die zu rasierende Gesichtspartie stark zu vergrößern und kann, da an einer senkrechten Schiene befestigt, in der Höhe verstellt werden. Der Spiegel in meinem Zimmer war allerdings mitsamt der Halteschiene etwa einen Meter tiefer montiert, so dass alles unterhalb der Gürtellinie überdimensional wiedergegeben wurde, was insbesondere bei partnerschaftlichen Aktivitäten ungeahnte Perspektiven ermöglichte.

1990/91: Good bye, Jon

Jon Eardley, der nach dem Ausstieg von Rolf Ericson regelmäßig in der Paul Kuhn-Band spielte, war während eines Urlaubs in Südfrankreich an den Folgen eines Schlaganfalls plötzlich verstorben. Wir verloren mit ihm einen hervorragenden Musiker der internationalen Klasse und ich einen langjährigen Freund und Weggefährten.

1992: Noch einmal Ferdy Klein und die „Studio-Mafia"

Ferdy Klein, der immer noch das schleppende Studiogeschäft in Gang hielt, verschaffte mir regelmäßig Arrangementsaufträge für Aufnahmen, im Cornet- Studio: Fernseh-Produktionen, diverse Gesangstitel mit Paul Kuhn, volkstümliche Dinge, Karneval etc.

Wolfgang Hirschmann hatte die Firma Cornet verlassen und wurde von 1987-2002 Produzent und Manager der WDR-Bigband.

Ferdy war bekanntermaßen ein cholerisch veranlagter Mensch und behandelte auch sein Montagsauto, wie er den großen BMW nannte, dementsprechend. Auf einer Fahrt von Köln nach München hatte er es wie immer sehr eilig und war Bleifuß durchweg 200 kmh gefahren, was damals inklusive Geschwindigkeitsübertretungen noch möglich war. Die Folge war allerdings ein verglühter Auspuff. Sein Kommentar: „Das muss so ein teures Scheißauto doch aushalten!"

Vielleicht hatte er auch hier wie immer Recht.

An einem Spätnachmittag rief Ferdy mich an, ob ich seinen BMW abschleppen könnte, er stünde auf der Autobahn, Ausfahrt Köln- Weiden. Ich erreichte ihn über Bocklemünd und schleppte ihn zur Aachener Straße vor das Cornet- Studio. Am nächsten Tag war das gesamte Motorenöl ausgelaufen und hatte sich auf der Straße ausgebreitet. Ferdy erhielt eine Anzeige wegen Umweltverschmutzung und ließ das Auto verschrotten. Es war im wahrsten Sinne des Wortes ein „Auslaufmodell."

Jetzt jedenfalls wurde ein VW-Golf angeschafft, und Ferdy hatte sich mittlerweile auch dazu durchgerungen, sich während der Fahrt anzuschnallen. Er hatte in all den Jahren ständig Geschwindigkeitsbegrenzungen ignoriert, fuhr statt 40 kmh mit 90 durch Baustellen und war deshalb in Flensburg kein Unbekannter. Eines Tages war das Punktekonto derart überzogen, dass er den Führerschein neu machen musste. Er paukte während der Produktionen sämtliche Fragen und Antworten ein und schaffte es vor allem mit Hilfe seines fotografischen Gedächtnisses, die Prüfung zu bestehen.

Weil er es immer eilig hatte und seine riskante Fahrweise fortsetzte, flog er während einer Fahrt auf dem Heimweg aus einer Kurve und landete auf einem Acker. Der Anschnallgurt hatte mehrere Rippen eingedrückt, Ferdy musste in eine Klinik und lag am Tropf. Weil er aber glaubte, sich ums Geschäft kümmern zu müssen, hielt er es dort nur zwei Tage aus, befreite sich vom Tropf und verließ auf eigene Verantwortung die Klinik.

Ein befreundeter Kardiologe hatte ihm schon vor Jahren dringend Bypässe empfohlen, aber er blieb uneinsichtig.

Am 16.11.1992 besuchte ich ihn kurz nach seiner Flucht aus der Klinik in der „Cornet". Als ich das Studio betrat, saß Ferdy mitten im Aufnahmeraum und schaute durch das Fenster auf den leeren Parkplatz vor dem Studio. Er freute sich über meinen Besuch, erzählte mir die Unfallstory und sagte auffällig kurzatmig zu mir: „Fühl mal, wobei er meine Hand auf seine linke Brusthälfte drückte. Ich war entsetzt über die tiefe Mulde und riet ihm dringend: „Du gehörst umgehend wieder in die Klinik und dann in eine Reha, sei es an der See oder in den Bergen, jedenfalls dort, wo du dich wohl fühlst und vergiss eine Weile dieses verdammte Geschäft!" Er erzählte noch, er müsste in den nächsten Tagen nach Düsseldorf zu einem Gerichtstermin wegen einer größeren unbezahlten Studiorechnung.

Als ich mich von ihm verabschiedete, sagte er folgenden Satz, der wie eine Vorahnung klang: „Danke, dass du noch einmal gekommen bist." Es waren die letzten Worte, die ich von ihm hörte. Wenige Tage später in Düsseldorf anlässlich des besagten Gerichtstermins, starb er auf dem Weg vom Parkplatz zum Gerichtsgebäude und mit ihm die so genannte Kölner „Studio-Mafia".

Das Wort „Mafia" hat Ferdy Klein nie gern gehört, und die Musiker, welche unter seiner Regie für Produzenten und Plattenfirmen auf deren Wunsch tätig waren, benutzten es höchstens mal spaßeshalber. Als während einer Produktion wieder einmal scherzhaft pro und kontra Mafia geredet wurde, meinte ich ergänzend: „Wir sind allein deshalb schon keine Mafia, weil Musiker, die freiwillig ausscheiden oder ausgewechselt werden, anschließend nicht erschossen werden." Da musste auch Ferdy lachen.

Auf seiner Beerdigung war natürlich die gesamte „Studio-Mafia" versammelt, auch wenn er diesen Abschied selbst nicht mehr organisieren konnte.

Während der Beisetzung von Kurt Edelhagen dagegen saßen dessen langjährige Begleiter Hanne Wilfert, Mäcki Schäning, Otto Bredl, Heinz Kretzschmar und ich im kleinen Cornet- Studio und spielten wie geplant bei einer Produktion. Der Termin ließ sich laut Ferdy nicht verschieben.

Als Francis Copieters beerdigt wurde, saß ich in der Cornet und synchronisierte termingerecht eine LP für Günter Noris. Und als mein viel zu früh verstorbener Kollege Karoly Uhrmann beerdigt wurde, saß ich wieder im Cornet-Studio und synchronisierte eine LP oder CD.

Für wen? Günter Noris!

Irene Klein, Ferdys Frau, führte die Geschäfte im Cornet-Studio noch über mehrere Jahre weiter, denn es fanden mit einer gewissen Regelmäßigkeit immer wieder Produktionen mit Heino, Erich Becht, Paul Kuhn, Günther Noris, Botho Lukas, Verlagsproduktionen etc. statt, bei denen Thomas Kern, Klaus Löhmer, Justus Liebich oder Thomas Sehring als Toningenieure arbeiteten.

Mit Paul Kuhn wurden in den folgenden Jahren Jazz-Pops-Konzerte in verschiedenen Städten gegeben und weiterhin in der ZDF-Sendung „Melodien für Millionen" mitgewirkt, bis eines Tages Paul keine Lust mehr hatte, für diese Sendung zur Verfügung zu stehen. Er spielte lieber Jazz-Gigs im Trio und erweiterte dieses gelegentlich mit fünf renommierten Bläsern zu der Formation Paul Kuhn and „The Best".

Im Jahr 2003 verstarb auch unerwartet Irene Klein, und das Cornet-Studio wurde geschlossen und aufgelöst.

Das Studiogeschäft jedenfalls, wie es einmal war, gab es nicht mehr. Es wurde schon lange überwiegend mit dem Computer gearbeitet, wodurch Schlagzeuger, Bassisten und auch Pianisten im Studio überflüssig wurden, denn der Rechner lieferte schon damals eine Unmenge an Bass-Drums, Snare-Drums und E-Bässen, von unzähligen Keyboardklängen abgesehen. Nur gegen alle Arten von Gitarren, Bläsern und Chören war noch kein wirksames Kraut gewachsen, weshalb ich noch regelmäßig für Synchronisationen in die immer kleiner werdenden Studios bestellt wurde.

Die „Närrischen Musikanten"

Wenn auch mittlerweile die Karnevalsproduktionen überwiegend mit Hilfe des Computers verwirklicht wurden, so leistete sich der WDR etwa zehn Jahre lang ein 32-Mann Orchester mit Chor für die TV-Produktion „Närrische Hitparade", die jährlich mehrere Wochen lang stattfand und die außer in Köln auch im Ruhrgebiet, Westfalen, Belgien und Holland aufgezeichnet wurde.

Das von Wieland Reissmann souverän geleitete Orchester war überwiegend mit Top-Musikern aus der Kölner Big Band-Szene besetzt, womit ein harmonisches Betriebsklima in dieser ungewohnten Atmosphäre als gesichert galt, denn keiner meiner Kollegen, ich selber auch, hätte sonst Lust gehabt, mit irgendwelchen Second- Hand- Typen die Kölsche Musik der „Fünften Jahreszeit" zu spielen. Zudem erleichterten die von Wieland Reissmann, Erich Becht und diversen Band-Mitgliedern sehr gut geschriebenen Arrangements die Arbeit oder besser gesagt, das Spielen.

2008: Paul Kuhn and "THE BEST"

Ack van Rooyen, Claus Reichstaller,Willy Ketzer, Gustl Meyer, Paul Kuhn,
Tom Wohlert, Martin Gjakonovski, Jiggs Wiggham, Peter Weniger

Im Herbst 2007 lud Paul Kuhn mich für die in Berlin angesagte CD-Produktion „As Time Goes By" mit „Paul Kuhn and The Best" plus der Streichergruppe des Babelsberger Filmorchesters ein, um die Rhythmusgruppe mit Martin Gjakonovski Kontrabass und Willy Ketzer Schlagzeug zu ergänzen. Die Bläsergruppe bestand aus Ack van Rooyen und Claus Reichstaller - Trompete/Flügelhorn, Jiggs Wigham - Posaune, Peter Weniger und Gustl Meyer - Tenorsaxofon.

„The Best" und das Babelsberger Filmorchester

Die Arrangements der sechzehn aufgenommenen Titel hatte alle Paul Kuhn geschrieben, der bereits einige Monate zuvor den Konzertmeister getroffen hatte, um Phrasierung und Notation abzuklären, da diese Musik zu spielen für Streicher keine alltägliche Aufgabe ist. Das Ergebnis war letztlich hervorragend.

Produziert wurde dieses Projekt von Frank Kleinschmidt, In+Out Records, der mit viel Einfühlungsvermögen die gesamte Organisation im Griff hatte und für ein entspanntes Klima sorgte.

Da Paul Kuhn am 12. März 2008 80 Jahre alt wurde, fand in dieser Besetzung eine Tournee mit 20 Konzerten unter dem Motto „Paul Kuhn 80, As Time Goes By" statt. Am 12. März spielten wir unser Konzert in Pauls Geburtsstadt Wiesbaden im Kurhaus, wo sich viele Weggefährten aus dem Musik- und Showgeschäft eingefunden hatten, um zu gratulieren.

Wir spielten unter anderem in München, wo uns Hugo Strasser, Max Greger Junior und befreundete Musiker besuchten, in Stuttgart und Köln, zwei Tage in Berlin, wo wir Alfred Biolek, Wolfgang Völz und Judy Winter trafen. Anschließend im Leipziger Gewandhaus etc.

Diese von der GKP, Gabriele Kleinschmidt Promotions, hervorragend organisierte Tournee konnte ich, und meine Kollegen empfanden es ähnlich, als eines der Highlights in meiner Musikerlaufbahn bezeichnen.

Fade out

Die goldenen 60er, 70er und 80er Jahre, die ich als Studiomusiker erlebt habe, gibt es bekanntermaßen nicht mehr und sie werden sich mit Sicherheit in dieser Form nicht wiederholen. Auch die Möglichkeit, zusätzlich noch regelmäßig in einer renommierten, gut bezahlten Formation, die auf dem freien Markt tätig ist, zu spielen, dürfte auf ein Minimum geschrumpft sein, weil es diese teils legendären Bands einfach nicht mehr gibt und niemand sie finanzieren könnte oder wollte, zumal sich auch das Publikum und damit die gesamte Gala-Szene verändert hat. Abgesehen von der freiberuflichen Szene verfügen die Rundfunkanstalten WDR, HR und NDR mit fest angestellten Musikern über hervorragende Big-Bands, die neben ihren Jazzproduktionen regelmäßig Konzerte geben.

Ich kann nur wünschen, dass es meinen jungen Kollegen, mit denen ich gelegentlich immer wieder spiele, gelingen wird, weiterhin gute Spielmöglichkeiten zu finden und sich zusätzlich durch Arrangieren, Komponieren, Unterrichten und dergleichen eine ihrem Können angemessene Existenz zu sichern.

Gern würde ich alle ihre Namen nennen, doch es täte mir leid, auch nur einen von ihnen nicht erwähnt zu haben. Deshalb möchte ich an dieser Stelle allen Freunden und Kollegen für die Inspiration, dieses Buch zu schreiben, danken.

Wie oft musste ich mir früher als reisender Musiker bei der Frage nach meinem Beruf die spießigen Kommentare von kleinbürgerlich beseelten Gemütern anhören: „Aha, Sie sind also Musiker, und was machen Sie sonst so?“, oder „….und was haben Sie sonst noch gelernt?“, und noch schlimmer: „….und sonst haben Sie nichts gelernt?“ Derartige Gespräche ergaben sich gelegentlich, wenn man z.B. auf Wohnungssuche war. Gerd Polt hat einmal gesagt: *„Es kommt heutzutage leider nicht darauf an, was einer kann, sondern was er gelernt hat.“*

Selbst wir Musiker pflegten manchmal mit einer gewissen Selbstironie zu sagen: *„Wenn man nichts anderes kann, muss man halt Musik machen.“*

Als Gast einer Party, auf der überwiegend Gäste aus dem Bereich der Industrie, Geschäftsleute und Ärzte anwesend waren, wurde ich, sozusagen als Exot des Abends, über meine Tätigkeit als Mitglied einer prominenten Band, Studio-Musiker und dergleichen befragt, wobei besonders die Damen Interesse an meinen Ausführungen zeigten und in mir offenbar den feinsinnigen Künstler und Gefühlsmenschen sahen.

Die männlichen Gäste dagegen stellten Fragen über meine freiberufliche Tätigkeit wie: „Ja, und Sie sind in keiner Firma, Organisation oder etwas Ähnlichem abgesichert?" Ich machte dem Fragespiel ein Ende und sagte: „Ich selber bin ein mehrwertsteuerpflichtiger Einmannbetrieb, das heißt, ich bin in keiner Firma angestellt, bin in keiner Gewerkschaft, in keiner Partei, und ich bin nicht einmal in der Kirche. Wie Sie sehen, bin ich ein ungebundener, frei schaffender und frei denkender Mensch". Ich blickte daraufhin in leicht amüsierte und teils irritierte Gesichter.

Leute mögen über Musiker und die Branche denken was sie wollen. Mich hat es in bestimmten Situationen immer mit einer gewissen Genugtuung erfüllt, nicht ein Teil der kleinbürgerlich farblosen, breiten Masse zu sein und gelegentlich als versponnen oder auch ein wenig verrückt eingeschätzt zu werden. Ich würde hierbei den Begriff des Verrückseins nicht mit geistiger Verwirrung gleichsetzen, sondern für mich anders definieren:

Es ist die leichte und befreiende Verrückung eines künstlerisch ambitionierten Menschen aus der eintönigen und fantasielosen Normalspur eines 08/15 geprägten Lebens. Auch würde ich das teils abenteuerliche Leben eines freischaffenden Musikers, ohne es hier glorifizieren zu wollen, jederzeit wieder eingehen.

Der Kabarettist H. D. Hüsch soll einmal gesagt haben:

*„Die wenigen, die nicht so sind wie die meisten,
die müssten die meisten sein".*

Chronologie

Chronologie

Bildnachweis

Privatarchiv	8, 10, 11, 18, 20, 22, 27, 32, 37, 42, 44, 49, 51, 53, 54, 56, 58	
Eberhard Aug	62	
Milan Schijatschky	64	1, 2, 3
Gernot Plitz	66	
Milan Lulic	69	
Günter Kaufmann	70	1
Gernot Plitz	70	2
Agentur Schlote	72	
Privatarchiv	73	1
Agentur Schlote	73	2
Friedel Berlipp	80	
Privatarchiv	81	
Privatarchiv	88	1, 2, 3
Privatarchiv	91	
WDR 1	95	
WDR 1	97	
Privatarchiv	106	1, 2
Privatarchiv	107	1, 2, 3
Eberhard Aug	108	1
Privatarchiv	108	2, 3
Privatarchiv	110	
WDR 1	111	
Privatarchiv	113	
Privatarchiv	114	1, 2
Privatarchiv	116	
Privatarchiv	118	
Privatarchiv	122	
Privatarchiv	123	
Privatarchiv	130	
Eberhard Aug	135	
Privatarchiv	138	1, 2